대한민국 오지 전도자
이충석 목사의 행복한 전도 이야기

- 동강 12경 중 하나인 수동 섶다리가 있던 자리. 지금은 시멘트 다리가 대신하고 있다

오지(奧地) [오:지]
해안이나 도시에서 멀리 떨어진 내륙의 깊숙한 땅
또는 교회가 없거나 아직 복음이 들어가지 못한 지역

전도에 인생을 걸라

1판 1쇄 발행_ 2012년 2월 28일
1판 5쇄 발행_ 2015년 4월 10일

지은이_ 이충석
취재편집_ 이기섭
펴낸이_ 신은철
펴낸곳_ 좋은씨앗
출판등록_ 제4-385호(1999.12.21)
주소_ 서울시 서초구 효령로 77길 20, 212호 (현대ESA, 서초동)
주문전화_ 02-2057-3041 주문팩스_ 02-2057-3042
홈페이지_ www.gsbooks.org
페이스북_ facebook.com/goodseedbook
ISBN_ 978-89-5874-181-7 03230

책값은 뒷표지에 있습니다.

전도에 인생을 걸라

대한민국 오지 전도자
이충석 목사의 행복한 전도 이야기

좋은씨앗

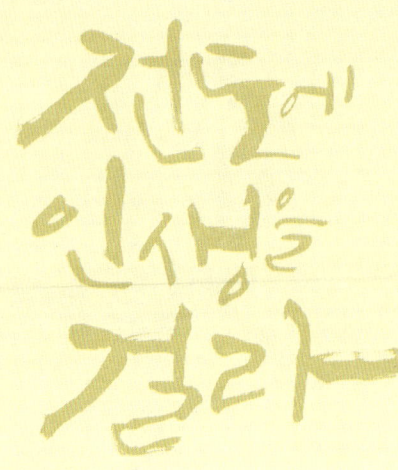

추천사 • 9

프롤로그 내도 천국 갈 수 있지? • 17

전도 비결 1 거절을 두려워마라 • 27

전도 비결 2 한 사람부터 시작하라 • 39

전도 비결 3 찾아가서 들어주고 기도하라 • 53

전도 비결 4 부지런한 농부처럼 수고하라 • 76

전도 비결 5 영적 우월감을 버려라 • 100

전도 비결 6 인생을 허비하라 • 114

전도 비결 7 실패한 전도는 없다 • 130

전도 비결 8 가족 전도라고 다르지 않다 • 141

CONTENTS

9 천국 바로 밑 우리 교회 • 161

10 하나님이 주신 선물 • 174

11 내가 목사님을 전도했다우 • 190

12 또 하나의 땅 끝(국내 오지선교) • 202

13 요즘 밀짚모자는 안 써요 • 214

에필로그 나는 기적입니다 • 227

추천사

복음은 전해져야 생명력이 있습니다. 복음을 받아들이고 생명을 얻었다고 해서 그대로 있으면 죽습니다. 생명의 비밀이 바로 여기에 있습니다. 댐과 같아서 물을 받아들이고 가만히 놔두면 그 물은 썩고 댐은 죽은 댐이 됩니다. 또 물을 가득 채우기만 하고 내려보내지 않으면 물이 넘쳐 댐이 터져버리고 맙니다. 하나님이 내게 주신 복음을 남에게 전파해야 그 능력이 내게 계속 머물러 있게 됩니다. 전하지 않으면 복음의 능력이 떠나버립니다. 갖고 있으면 없어지고 전파하면 그대로 살아서 전하는 자에게 끊임없이 역사하는 것이 복음의 능력입니다.

이충석 목사님은 강원도 정선의 동강교회에서 끊임없이 복음의 배달부 사역을 기쁘게 감당하시는 분입니다. 15년이 넘도록 누가 보지 않아도, 열매가 많지 않아도 오늘도 복음의 발걸음을 힘차게 내딛는 귀한 복음의 배달부입니다. 농사꾼은 농사에 실패해도 밭을 버리지 않는다고 했습니다. 이 목사님의 행복한 전도 이야기가 복음 전도자들의 용기를 북돋는 일에 귀하게 쓰임 받길 기원합니다.

김삼환 (명성교회 담임목사)

전도는 예수님의 지상명령이긴 하지만 명령만으로는 감당하기 힘든 일입니다. 진정으로 영혼을 사랑하는 마음이 없으면 할 수 없는 일입니다. 그런 의미에서 전도자는 영혼을 사랑하는 자입니다. 예수님의 마음을 닮아 사랑하지 않고는 견딜 수 없는 사람입니다. 전도자에게 자질이 있다면 오직 영혼을 사랑하는 하나님의 마음을 닮는 것이라고 생각합니다. 그런 성품과 태도로 살면 자연스레 전도하는 법을 터득하고 영혼을 추수하게 될 것입니다. 이충석 목사님의 전도 간증이 이를 증명하고 있습니다.

교회는 전도와 선교로 탄생되었고 확장되어 갑니다. 전도가 쇠퇴하면 교회도 쇠퇴할 수밖에 없습니다. 오늘날 교회의 위기는 바로 전도의 열정이 사그라들었기 때문입니다. 전도의 영역과 가능성에 도시와 농촌의 차이가 없음을 보여준 이 책을 특히 도시미자립교회 목회자들과 농어촌교회에서 수고하시는 목회자들에게 꼭 권해 드립니다.

정필도 (부산 수영로교회 원로목사)

치열한 영혼사랑이 담겨 있는 이 책을 읽으면 영혼이 맑아지는 묘미가 있습니다. 나아가 영혼을 얻는 것에 대한 소망이 재충전됩니다. 사실 전도는 겉으로 흉내낼 수 있는 것이 아닙니다. 전도는 하나님의 불같은 사랑에 데여본 사람들의 라이프 스타일입니다. 매 장마다 펼쳐지는 황폐한 영혼들과의 만남을 통해 십자가의 사랑에 눈을 뜨게 됩니다. 때론 드라마틱하게, 때론 쓸쓸하게, 때론 가슴 저미게 다가오는 장면들을 가만히 들여다보게 됩니다.

어찌보면 평범해도 평범을 넘어서는 전도의 원리들이 우리 가슴에 영혼사랑의 불을 댕겨줄 것입니다. 세상에서 가장 행복한 사람은 잃어버린 영혼을 바라보는 눈과 품는 가슴과 가까이 다가가는 발을 가진 자라고 했습니다. 그런 점에서 이 목사님은 진정 행복한 복음 전도자입니다. 한국교회가 정체기를 맞았다고 아우성치는 때 복음의 역동성을 일깨우는 소중한 이 책은 분명 한국교회에 커다란 선물입니다.

오정호 (대전 새로남교회 담임목사)

성령의 아홉 가지 열매 중 하나가 바로 희락, 즉 기쁨입니다. 이 기쁨은 헬라어로 '카라'입니다. 은혜라는 단어인 '카리스'와 같은 어원의 단어입니다. 은혜를 깨닫고 실제로 그 은혜를 누리며 사는 자에게 주어지는 기쁨이 바로 그것입니다. 또한 이 단어는 잃어버린 영혼을 찾았을 때의 기쁨을 뜻합니다. 하나님의 마음과 심정이 통하여 느끼는 기쁨이라고 할 수 있습니다.

이충석 목사님의 이야기는 개인적인 기쁨과 잃어버린 영혼을 찾았을 때의 기쁨을 잘 느끼게 해줍니다. 이 책을 통해 우리 안에 사라진 기쁨이 회복되길 원합니다.

이찬수 (분당우리교회 담임목사)

2009년 8월, 강원도 정선의 동강교회에서 초청을 받아 부흥회를 인도했습니다. 차로 한참을 가야 어쩌다 집이 한두 채 보이는 외진 곳이었습니다. 오지 마을에 나이 많은 노인들만 20-30여 명 모이는 작은 교회였습니다. 하지만 사흘간 부흥회를 인도하면서 강사인 제가 더 은혜와 도전을 받았습니다. 제 나름대로 개척한 교회가 어느덧 중대형 교회로 성장했고, 2천여 교회에서 부흥회를 인도했으며, 묵직한 직함도 몇 개 있는 데다 자녀들도 성장해 안정된 생활과 평안을 누리는 게 다 지난날 고생했던 보상이요 하나님의 은혜라고 합리화하면서 스스로 만족하며 게을러졌던 제 자신이 얼마나 부끄러웠는지 모릅니다.

이충석 목사님은 대도시에서 편안하게 목회하며 꿈을 펼칠 수 있는 여건임에도 누구도 돌아보지 않은 오지 마을에서 아낌없이 헌신하며 사도행전을 이어가는 분입니다. 그 사역을 통해 하나님이 더 큰 영광을 받으시고, 이 책을 읽는 모든 이에게 하나님의 은혜가 임할 것을 확신합니다.

김조 (심락교회 원로목사)

도시에서 치열하게 숫자를 의식하며 전쟁하듯 목회하는 저로선 이충석 목사님이 참 부럽습니다. 그가 한적한 오지에서 목가적 목회를 하기 때문이 아니라 맨땅에 헤딩하듯 오직 주님만 의지하고 이름도, 빛도 없이 한 영혼을 향해 온몸을 던지기 때문입니다. 이 목사님이 순회 전도사역의 어느 정점에서 교회를 세워 그들과 함께 살기로 했다는 말을 들었습니다. 그 눈물 나는 과정에 저희 교우들도 물질과 기도는 물론 노동으로 함께하는 기쁨을 누렸습니다. 입당예배 때는 불어난 동강으로 인해 중간에 돌아온 기억도 있습니다. 이 책에 등장하는 모든 이들은 저마다 오지선교의 멋진 배역들입니다.

순회 전도자에서 오지 목회자로, 이제는 오지 목회 훈련자로 사역을 확장해가는 이 목사님의 수줍은 글이 나왔습니다. 그는 누구보다 당당해도 괜찮은 하나님의 사람입니다. 우리가 마음껏 칭찬해도 괜찮은 전도자입니다. 이 글을 통해 아직도 우리 주변에 괜찮은 목사가 있음을 자랑하고 싶습니다. 그리고 하나님 나라를 함께 세워가는 동역자들에게 격려가 되었으면 합니다.

장봉생 (서대문교회 담임목사)

이충석 목사님은 배낭을 메고 강원도 오지 산골을 돌아다닌 순례전도자입니다. 하늘을 지붕 삼고 땅을 이불 삼아 자고 산골을 넘어 예수님을 전한 복음의 나그네입니다. 사람들이 박수 치고 높은 자리를 원할 때 그는 주님이 원하시는 곳, 이 민족의 땅 끝 오지로 갔습니다. 이제 그가 순례전도를 했던 강원도 정선에 생태선교마을을 만들기 위해 교회와 농장을 세우고 이제껏 누구도 시도하지 않은 생태공동체선교를 시도하고 있습니다. 개인의 구원을 넘어 공동체의 구원을 바라보며 일합니다. 시골도 교회를 중심으로 하나의 예수생명공동체가 될 수 있음을 보여주고 있습니다.

오지 순례전도에서 시작해 생태공동체선교에 이르는 과정에 깃든 구구절절한 사연들이 이 책에 스며들어 있습니다. '아직도 이런 곳, 이런 사람들이 있구나!' '우리나라에도 이런 전도자가 있구나!' 하고 감탄하며 이 책을 읽게 될 것입니다. 한 영혼을 찾아 나서시는 예수님의 사랑의 흔적을 이 책에서 만나시길 바랍니다.

박원희 (목사, 낙도선교회 대표)

'밭두렁 머리 베고 죽을' 이란 말.
농부는 그렇게 죽어야 하듯
전도자는 전도하다가 죽는 것이 행복하다.

프롤로그

내도 천국 갈 수 있지?

전도사 시절이었습니다. 힘들게 신학대학원에 진학했지만 한 학기만에 휴학을 해야 했습니다. 폐결핵을 앓아 건강도 안 좋았고, 다음 학기 학비가 없었습니다. 스물아홉 살. 주의 일을 하겠다는 야망은 컸지만, 현실은 초라하고 미래는 캄캄했습니다.

무작정 배낭을 꾸려 전도여행을 떠났습니다. 배낭 안에는 5만분의 1 지도와 쌀과 라면, 성경과 카메라, 갈아입을 옷 한 벌이 들어 있었습니다.

상봉터미널에서 강원도 인제군 기린면 현리로 들어가는 버스를 탔습니다. 현리는 인제에서 한참 더 들어가는 산골 마을이었습니다.

무조건 인적이 드문 산길을 택해 걸었습니다. 길에서 만난 우체부가 산 두 개를 넘으면 외딴 집에 혼자 사시는 할머니가 있다고 했습니다. 7-8시간쯤 산길을 걸어가자 멀리 쓰러져가는 귀틀집 한 채가 보였습니다. 누더기 옷을 입은 할머니 한 분이 밭에서 일을 하고 계셨습니다.

"할머니 안녕하세요?"

반갑게 인사를 건넸지만 할머니는 묵묵히 일만 하셨습니다. 무조건 옆에서 밭일을 거들어드렸습니다. 할머니는 쳐다보지도 않고 아무 대꾸도 없었습니다. 전도는 늘 그렇듯이 거절에서 시작됩니다.

초가을에 접어든 산골은 금방 어두워졌습니다. 그날 밤은 들짐승들의 울음소리와 추위에 떨며 할머니 집 바깥에서 자야 했습니다.

그 다음 날, 인근 마을을 찾아다니며 전도를 하다가 다시 할머니 집으로 돌아왔습니다. 쫓아내지만 않는다면 처음 들어간 집에 계속 머문다는 것이 신학생 때부터 시작한 오지전도의 원칙이었습니다. 그날 밤도 할머니의 허락을 받지 못해 처마 밑에서 잠을 잤습니다.

사흘 째 되던 날이었습니다. 할머니가 불쑥 말문을 여셨습니다.

"총각은 우타(왜) 이래 산골로 댕기나?"

깜짝 놀랐습니다. 말씀을 못하는 분인 줄 알았거든요.

"아, 네, 예수님을 전하려고요."

"예수? 그기 뭐이래?"

"할머니도 예수님을 믿으면 천당 가실 수 있어요."

글을 모르는 할머니를 위해 저는 최대한 쉽고 간단하게 예수님을 전했습니다. 천지 창조, 모세 이야기, 룻 이야기, 선지자들 이야기를 들려드렸습니다. 시골 어르신들은 조물주라고 부르는 하나님에 대해서는 본능적으로 알고 있습니다. 그러니 하나님의 아들 예수님이 우리 죄를 위해서 이 땅에 오시고 십자가에 달리셨다는 걸 믿게 해 드리면 되는 것이지요.

할머니는 남편과 일찍 사별하고 자식들을 키울 능력이 없어 어린 두 자녀를 다른 집에 양자로 보냈다고 했습니다. 혹시나 아이들이 돌아올까 싶어 칠십 평생 홀로 오두막집을 지키고 계셨던 것입니다. 그날 밤부터 저는 헛간으로 쓰던 빈방에서 자게 되었습니다.

일주일 동안 할머니 집에 머물며 밭도 매고 고추도 따며 일을 해 드렸습니다. 밤이면 할머니는 호롱불 밑에서 옷을 꿰매며 이런 저런 얘기를 하시고, 저는 열심히 들어드렸습니다.

그 후 시간이 나는 대로 할머니를 찾아갔습니다. 좋아하시는 카레도 만들어드리고, 사탕도 사드리고, 약도 지어다 드렸습니다. 언젠가부터 할머니는 저를 기다리시는 것 같았습니다. 멀리서 저를 보면 손을 흔들어주시고 삶은 감자를 내오시곤 했습니다.

시간이 흘렀습니다. 어느 날 할머니가 제 손을 잡고 조용하게 물으셨습니다.

"내도 전도사 믿는 예수 믿으면 안 되나?"

귀가 번쩍 뜨였습니다. 그동안 할머니는 제가 전하는 예수님을 들는 둥 마는 둥 귓등으로 듣고 이해는 하셨는지 의심스러웠는데 할머니 스스로 예수님을 영접하겠다고 하시다니!

"안 되긴요. 예수님을 진심으로 영접하시겠어요?"

"응."

감격으로 가슴이 터질 것 같았습니다. 저는 할머니의 손을 잡고 영접기도를 했습니다.

"주 예수님, 저는 주님을 믿고 싶습니다."

"주 예수님, 저는 주님을 믿고 싶습니다."

할머니는 또박또박 제 기도를 따라하셨습니다. 할머니는 세례도 받고 싶다고 하셨습니다. 저는 전도사라 세례를 베풀 수 없었습니다.

"세례 못 받았어도 예수님 영접하셨으니까 천국 가세요. 걱정 마세요."

할머니는 제가 갈 때마다 세례를 받겠다고 조르셨습니다. 저는 이 일을 선교학 교수님께 상의했습니다.

"당장 내려가 세례를 베풀게. 자네는 선교사로서 자격이 있어."

할머니는 새벽부터 목욕하고, 피마자 기름을 발라 흰머리를 곱게 넘기고, 한복으로 갈아입으셨습니다. 마당에 멍석까지 깔아놓고 손수 세례식장을 꾸미셨습니다.

제 생애 첫 세례식을 오리와 닭, 강아지들을 증인 삼아 눈물과 감격 속에 치렀습니다. 할머니는 기뻐서 닭 한 마리를 잡으셨습니다.

주말에 서울에 있는 교회를 섬기기 위해 할머니 집을 나섰습니다.

"전도사, 하루만 더 있다 가믄 안 되겠나?"

할머니는 다른 날과는 달리 계속 저를 붙드셨습니다. 웬만하면 하룻밤 더 있고 싶었지만 여전도회 헌신예배 설교 때문에 어쩔 수 없었습니다.

"할머니 금방 다시 내려올게요."

"전도사, 그럼 내 하나만 물어보자. 내도… 천국 갈 수 있지? 예수 믿었으니까?"

"그럼요. 성경에 하나님이 약속하셨어요."

"확실히 내도 천국 가지?"

"확실히 천국 가세요. 그러니 아무 염려 마세요."

할머니는 아쉬운 듯 제 손을 여러 번 꼭 잡으셨습니다.

"그럼 됐다."

다음 주 월요일 아침, 저는 부랴부랴 현리로 향했습니다. 할머니 집이 보였습니다. 늘 밭에 계시던 할머니 모습이 보이지 않았습니다. 느낌이 이상했습니다.

"할머니, 할머니."

인기척이 없었습니다. 방문을 열었습니다. 악취가 훅 끼쳤습니다. 할머니는 미동도 하지 않은 채 누워 계셨습니다. 속살이 다 드러난 누더기 옷은 분비물로 흥건히 젖어 있었습니다. 이미 숨을 거두신 것이었습니다.

저는 밖으로 뛰어나왔습니다. 인적 없는 산골에 시신과 단 둘이 있을 수 없었습니다. 처음 당하는 일이었습니다. 고개를 넘어 쉬지 않고 달렸습니다. 제일 가까운 마을 사람들에게 알렸지만 아무도 도와주지 않았습니다. 부정 탄 여인네라는 이유였습니다. 살아서도 외로웠던 할머니는 죽어서도 외로웠습니다.

가게에 들어가 소주 두 병을 샀습니다. 할머니 집으로 돌아오는 길은 한 걸음 한 걸음이 갈등이었습니다. 무섭고 두려워 도망가고 싶었지만 차마 발길을 돌릴 수 없었습니다. 아무도 가지 않는다면 제가 가야만 하는 길이었습니다.

할머니가 덮으시던 이불을 뜯어 솜을 꺼냈습니다. 소주에 적셔 할머니의 몸을 닦았습니다. 구석구석 정갈하게. 한때는 귀여운 아기였고, 아름다운 여인이었고, 한 남자의 아내였고, 엄마였을 할머니의 육체는 썩어가고 있었습니다.

외롭고 누추한 육신을 벗어버리고 이제 영혼은 주님 나라에 있을 할머니. 구부러진 팔과 다리를 주물러 펴드리고 머리를 곱게 빗겨드렸습니다.

옷장을 뒤졌습니다. 아끼시던 제일 고운 옷을 찾아서 입혀드렸습니다. 흐르는 눈물을 주체할 수 없었습니다.

"그러므로 모든 육체는 풀과 같고 그 모든 영광은 풀의 꽃과 같으니 풀은 마르고 꽃은 떨어지되 오직 주의 말씀은 세세토록 있도다."
벧전 1:24-25

염을 마친 할머니를 뒷산 양지바른 곳에 묻어드렸습니다.
군청에 가서 할머니의 사망신고를 했습니다. 군청직원이 고개를 갸웃했습니다.
"그런 할머니는 없는데요."
사망신고도 할 수 없는 할머니는 대한민국 국민도 아니었습니다.

할머니 집으로 다시 돌아와 가재도구와 옷가지들을 모아 불에 태웠습니다. 몇 개 되지도 않는 초라한 할머니의 유품들이 시커먼 연기가 되어 바람을 타고 하늘로 올라갔습니다.
"전도사, 내도 천국 갈 수 있지?"
할머니의 그 말씀이 자꾸만 귓가에 맴돌았습니다.
"그럼요, 할머니. 지금 계시잖아요."
눈물이 주룩 흘렀습니다. 행복했습니다.
강원도 산골 이름도 모르는 할머니의 영혼을 구하기 위해 하나님은 저를 예수 믿게 하시고, 신학대학원에 보내시고, 돈이 없어 휴학하게 하시고, 시간에 딱 맞춰 이곳으로 보내신 것이었습니다. 얼마나 놀랍고 얼마나 치밀한 계획인가요?
문득 할머니의 영혼을 사랑하신 것같이 예수님은 가난한 신학생인 저 또한 그렇게 사랑하신다는 깨달음이 들었습니다. 저는 할머니의 영혼을 예수님 앞으로 인도하고, 할머니는 저에게 예수님의 사랑을 확신하게 해주었습니다.

전도란 하나님을 모르던 한 영혼을 구하는 동시에, 전하는 사람에게는 더 큰 은혜와 기쁨이 있는 놀라운 축복이었습니다. 한 인간에 대한 주님의 뜨거운 사랑에 저는 무조건 무릎을 꿇었습니다. 제 어깨를 짓누르던 의심과 갈등과 좌절의 짐이 벗겨졌습니다.

20년이 지났습니다. 그렇게 저는 교회 없는 산골짝, 예수의 이름을 듣지도 못하고 죽어가는 외롭고 소외된 할머니 같은 분들을 위한 대한민국 오지 전도자가 되었습니다.

전도에
인생을 걸라

1

"많은 사람을 옳은 데로 돌아오게 한 자는
별과 같이 영원토록 빛나리라."^{단 12:3}

동강의 밤하늘은 별들의 천국입니다.
하늘 가득 영롱한 별들이 반짝입니다.
이스라엘 광야에서 별은 나그네들이
길을 찾는 좌표가 됩니다. 그 안에 아주 작은
별로 들어가 인생길을 가는 나그네들에게
좌표가 될 수 있다는 생각만 해도 가슴이
벅차오릅니다. 이보다 더 큰 축복은 없습니다.

이충석 목사가 귀띔해주는
전도 비결 1

거절을 두려워마라

저는 교회 없는 강원도 오지를 다니며 전도하는 목사입니다. 20년 가까이 강원도와 동강 줄기를 따라 드문드문 흩어져 있는 산골 주민들을 만나 농사일도 도와드리고 복음도 전했습니다.

정선군 일대는 480여 개의 소규모 부락들이 있는데 거의 다 교회가 없습니다. 대부분 산을 개간해 밭을 일구고 살아가며 골짜기에 다섯 가구, 산등성이에 세 가구, 산허리를 돌아 두 가구, 산꼭대기에 한 가구, 이런 식으로 집들이 흩어져 있습니다.

산이 얼마나 깊은지 교회 뒷산 너머 설논이란 곳에 두 가구가 살고 있다는 걸 1년이 지나서야 알았습니다.

〈웰컴 투 동막골〉이라는 영화에 나오는 마을처럼 6.25 전쟁이 있었는지도 모르는 할아버지도 있고, 박정희 대통령은 안녕하신지 안부를 묻는 분도 있을 정도입니다.

산을 하나 넘어 할머니 한 분을 만나고, 또 산 두어 개를 넘어 할아버지 한 분을 만납니다. 줄을 매서 손으로 끄는 나룻배를 타고 강을 건너가기도 하지요. 반나절이나 하루 꼬박 걸어서 그렇게 어렵게 찾아가 복음을 전하니 얼마나 환영을 받을까요. 제 기억으로는 처음부터 환영 받은 적은 한 번도 없습니다. 무관심하거나, 거절하거나, 도망갑니다. 동네 개까지 짖어대며 저를 쫓아냅니다. 전도의 시작은 항상 거절입니다.

**가랑비에
속옷 젖듯**

제가 전도하러 가면 아주 쌀쌀맞게 대하던 할아버지가 계셨습니다. 평창 미탄에 사시는 분이었는데, 인사를 드려도 외면하고 저를 보면 멀리서도 길을 돌아서 가셨습니다. 밭일을 도와드리려고 해도 부정 탄다고 쫓아내셨습니다. 그래도 열심히 찾아갔습니다. 박대를 당해도 돌아서 나올 땐 웃으면서 한 마디 꼭 했습니다.

"할아버지, 아프다가 돌아가시면 어디로 가실 것 같아요?"

"육신이 다 썩어 없어지지 어딜 가나."

"아니에요. 몸은 썩어도 영혼은 안 썩어요. 할아버지, 예수님 믿으시고 천국 가셔야 해요."

"쓸데없는 소리 하지 마라."

할아버지는 꿈쩍도 하지 않았습니다.

그 할아버지가 병석에 누우셨습니다. 상태가 위중해지자 저를 부르셨습니다.

"몸은 썩어도 혼은 천국 지옥으로 갈린다면서? 내가 이제 천국에 가야겠으니 방법이 있으면 일러주시오."

할아버지는 평소에 제가 전하는 복음을 안 듣는 것 같았지만 부담감이 마음에 항상 있었던 것이지요. 가랑비에 속옷까지 젖듯이 말입니다.

저는 그날부터 할아버지와 함께 지냈습니다. 성경 얘기를 들려드리고, 찬송가를 불러드리고, 함께 기도를 드리고, 밤이면 옆에 누워 같이 잤습니다. 할아버지는 스펀지가 물을 빨아들이는 것처럼 복음을 받아들이셨습니다. 누운 자리에서 세례를 베풀었습니다.

할아버지 곁에서 지낸 지 일주일이 되던 날, 할아버지는 참으로 평안하게 죽음을 맞이하셨습니다.

손 한번 꽉 잡아주세요

저와 함께 동강지역에서 전도를 하던 정수태 전도사(현재는 강도사)는 순하게 생겼습니다. 정 전도사가 전도를 하러 가면 손자를 시켜

산을 하나 넘어 할머니 한 분, 또 산 두어 개를 넘어 할아버지 한 분을 만납니다.
처음부터 환영 받은 적은 한 번도 없습니다. 무관심하거나, 거절하거나, 도망갑니다.
동네 개까지 짖어대며 저를 쫓아냅니다. 전도의 시작은 항상 거절입니다.
-하미마을에서 올라가는 산길

서 소금을 뿌리던 할머니가 계셨습니다. 전도를 하다보면 알게 되는 것이 있습니다. 격하게 반응하시는 분이 오히려 소망이 있다는 것이지요. 노골적으로 적대할 때 그 사람이 구원받을 시간은 가까워졌다고 보면 됩니다. 대신 전도자는 기가 꺾여서는 안 됩니다. 오히려 거기서 희망을 보아야 합니다.

"할머니 오늘은 그냥 가고요, 다음에 또 올게요. 안녕히 계세요."

일방적이긴 하지만 다음에 또 오겠다는 약속도 확실하게 합니다. 그것도 웃는 얼굴로 해야 합니다. 싫어하는 예수쟁이가 또 온다고 하니 듣는 사람이 얼마나 부담스럽겠습니까? 아마 꿈자리도 사나웠을 것입니다.

한 남자가 여자를 짝사랑해서 매일 연애편지를 보냅니다. 여자는 그 편지를 찢어버리거나, 아니면 뜯어보지도 않고 쓰레기통에 버리기도 하겠지요. 그러나 시간이 흐르면 여자는 그 편지를 은근히 기다리게 됩니다. 어쩌다가 편지가 한두 번 안 오면 궁금해지기도 합니다. 그렇듯 전도는 거들떠보지도 않는 연인에게 매일 편지를 쓰듯 다가가야 합니다.

그 할머니에게 찾아간 지 6개월이 지나자 드디어 마루 위로 올라오라는 '허락'이 떨어졌습니다. 전도사는 양복을 잘 차려입고 가서 정식으로 인사를 드렸습니다.

1년 후 할머니가 병석에 누우신 다음에는 예배도 같이 드렸습니다. 노환이 깊어졌습니다. 할머니가 예수님을 영접하겠다고 하셨습니다. 전도사는 고린도전서 15장에 나오는 죽음과 부활의 말씀을 전하고, "예수님을 영접하시면 '아멘' 하세요" 했습니다. 할머니는 이미 혀가 말라붙어 말씀을 못하셨습니다.

정 전도사는 안타까웠습니다.

"할머니 '아멘' 하시면 제 손 한번 꽉 잡아주세요."

할머니는 온 힘을 다해 손가락에 힘을 줘 전도사의 손을 잡으셨습니다. 얼마나 꼭 쥐었는지 정 전도사는 그 손을 놓을 수 없었습니다. 며칠 뒤에 할머니는 돌아가셨습니다.

그 후 할머니 대신 우리에게 소금을 뿌리던 큰손자가 교회에 나오기 시작하더니 7남매가 모두 교회에 나오게 되었습니다.

그래도 전도를 해야 하는 이유

매일 거절 당하면서도 좌절하지 않고 찾아가면 무슨 유익이 있을까요? 셀 수 없이 많지만 다섯 가지만 들어보겠습니다.

우선은 사랑이 무엇인지 알게 됩니다. 복음을 계속 거절하는 사람들을 품고 기도하다보면, 원수도 사랑하라는 주님의 사랑을 알게 됩니다. 나와 상관없는 사람을 위해서도 사랑하는 마음으로 기도할 수 있다는 데 놀라고, 예전에 하나님을 믿지 않던 나를 위해 누군가 이렇게 사랑을 품고 기도했다는 것에 놀라게 됩니다. 이것이 얼마나 큰 유익인지 모릅니다. 마음속에서 사랑의 에너지가 확대되는 것이지요. 사랑은 뜨겁습니다. 체온이 올라가면 암을 이겨낼 수 있듯이, 내 안에 사랑이 많아지면 미움을 녹이고 걱정을 녹입니다. 만병의 근원인 미움과 걱정이 사라지면 행복할 수밖에 없습니다.

정말 예수 믿기 힘든 사람을 전도하고, 그 사람이 놀랍게 변화되는 것을 보면 "진짜 하나님이 살아계시는구나" 하는 것을 알게 됩니다. 전에는 사납던 사람의 얼굴이 순하게 변화되고, 소망 없던 사람이 살 힘을 얻고, 매일 싸우기만 하던 사람들이 서로 아끼게 되고, 자기만 알던 사람이 이웃을 돌아볼 줄도 알게 됩니다. 물질적 위기를 넘기기도 하고 건강의 축복을 받는 것을 보면 전도를 한 사람이 더 행복합니다.

"이 좋은 예수님을 좀 더 일찍 믿었더라면 인생이 얼마나 달라졌을까요?"

제가 전도했던 사람들이 모두 입을 모아 하는 말입니다. 전도할 때마다 행복한 마음이 드니 이 얼마나 큰 은혜입니까?

두 번째는 하나님의 살아계심을 체험하게 됩니다. 믿지 않는 사람들에게 전도를 하다보면 갖가지 질문에 답을 해야만 합니다.

"하나님이 어디 있냐? 하나님이 계시다면 세상이 왜 이 꼴이냐?"
"어떻게 예수가 하나님의 아들이고 구세주냐? 그걸 진짜 믿냐?"

① 다리가 없던 시절 하미마을을 건너다니던 줄배
② 오래 전 동강이 범람하기 전 수동마을의 옛 가옥
③ 김태산 할머니 집 지킴이
④ 하미마을 할머니와 함께 밭으로 가던 중
⑤ 수동마을의 최고령 어르신 7년 전에 작고하셨다.

"왜 기독교만 진리냐?"

이렇게 "소망의 이유를 묻는 사람에게 대답할 것을 항상 예비"하다 보면 내 신앙의 기초도 단단해지고 영적으로 민감해져서 하나님의 살아계심을 많이 체험하게 됩니다.

세 번째는 영적 담대함을 갖게 됩니다. 인생은 선택의 연속이고, 무엇을 선택하느냐에 따라 달라집니다. 우리가 영적으로 담대해지면 선택의 갈등이 줄어듭니다. 하나님의 살아계심을 알고 눈으로 봤기 때문에 하나님을 기준으로 선택을 합니다.

하나님이 우리에게 지혜를 주겠다고 약속하셨기 때문에 지혜도 생깁니다. 사람들의 눈에는 무모해 보이는 결정도 할 수 있습니다. 하나님을 믿는 배짱이 있기 때문이지요. 배짱이 늘어나면 시련 앞에서도 담대해질 수 있습니다. 고민이 줄어들어 밤에는 잠을 달게 자니 이 얼마나 큰 축복인가요.

네 번째는 영적 무기력에서 벗어납니다. 그리스도인이면서도 어쩐지 힘이 없어 보이는 사람은 보통 주일예배만 드리고 가는 분들입니다. 봉사도 안 하고, 전도도 안 하면 영적인 우울증에 빠집니다. 신앙생활이 시들해지고 기도도 안 나오고 하나님도 보이지 않습니다. 영적인 무기들을 사용하지 않으니 점점 녹이 슬어가는 것이지요. 프로이드는 이렇게 말했다고 합니다.

"인간은 사랑하지 않으면 병이 난다."

「하나님이 기뻐하시는 열정, 성공, 리더십」의 저자 팀 한셀은 "신앙생활이 시들한가? 모험을 하라"고 했습니다.

영적 우울증에 빠진 분들에게 전도만큼 좋은 모험은 없습니다.

다섯 번째는 내 주위가 그리스도인들로 둘러싸이게 됩니다. 한 사람 한 사람 전도하다보면 내 주위에 그리스도인들이 늘어납니다. 사랑하는 가족이 있고 친한 친구가 있어야 인생이 풍요롭듯이 신앙생활도 같이해야 힘이 납니다. 나 혼자 성공한 사람은 외롭습니다. 나 혼자 부자가 된들 편안하지 않습니다. 내 주위가 다 잘 되어야 좋은 것입니다. 어떤 분은 이렇게 말합니다.

"나나 믿음생활 잘하면 되지 뭐."

하지만 혼자 믿음 생활하는 것이 얼마나 힘이 드는지 모릅니다.

저는 아무도 믿는 사람이 없는 가정에서 제일 먼저 신앙생활을 해서 기독교 가정에서 자란 사람을 얼마나 부러워했는지 모릅니다. 지금은 아내와 아이들, 어머님과 장인, 장모님, 동생들이 모두 예수님을 믿고 있습니다. 내가 사랑하는 사람들이 예수님을 믿어 함께 기도를 나누고 간증을 나누는 것이 얼마나 큰 축복인가요.

그런데 이 모든 것보다 더 큰 축복이 있습니다.

"많은 사람을 옳은 데로 돌아오게 한 자는 별과 같이 영원토록 빛

나리라"단 12:3고 하신 하나님의 약속입니다.

동강의 밤하늘은 별들의 천국입니다. 하늘 가득 영롱한 별들이 반짝입니다. 이스라엘 광야에서 별은 나그네들이 길을 찾는 좌표가 됩니다. 그 안에 아주 작은 별로 들어가 인생길을 가는 나그네들에게 좌표가 될 수 있다는 생각만 해도 가슴이 벅차오릅니다. 이보다 더 큰 축복은 없습니다.

거절을 두려워하지 마십시오. 전도의 시작은 언제나 거절입니다. 거절은 당연한 겁니다. 거절당할 테니까 가지 않겠다는 건 전도를 하지 않겠다는 것이나 마찬가집니다. 하나님의 뜻을 무시하는 것입니다. 전도를 시작하면서 거절당할 때 희망을 가지십시오. 상대방이 완고하게 나올수록 그 사람을 향한 주님의 때가 가까웠다는 사실을 믿고 나아가십시오. 행복한 구원의 열매를 맛보게 될 것입니다.

섬김의 전도 비결 1

거절을
두려워마라

전도의 시작은 언제나 거절이다.
전도를 시작하면서 거절당하면 오히려 희망을 가져라.
상대가 완고할수록 그 사람을 향한 주님의 때가
가까웠음을 믿으라.

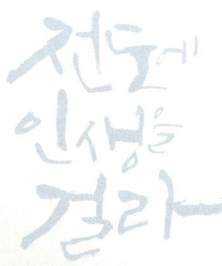

이충석 목사가 귀띔해주는
전도 비결 2

한 사람부터 시작하라

전도를 하자고 하면 어떤 성도님은 이렇게 말합니다.
 "나는 말을 못해서 전도를 못해요."
 전도는 '말'로 하는 것이 아닙니다. '몸'으로 하는 것이지요.
 어떤 분들은 또 이렇게 말합니다.
 "저는 가방끈이 짧아서 못해요. 괜히 망신이나 당하지."
 전도는 '학벌'로 하는 것이 아닙니다. '삶'으로 전하는 것이지요.
 어떤 분은 또 이렇게 얘기합니다.
 "내 주위엔 전도할 사람이 없어요."
 정말 그럴까요?

 이런 시가 있습니다.

사랑하면 보인다, 다 보인다

....

이름 알면 보이고
이름 부르다보면 사랑하느니
사랑하는 눈길 감추지 않고 바라보면,
모든 꽃송이
꽃잎 낱낱이 셀 수 있을 것처럼
뜨겁게 선명해진다
어디에 꼭꼭 숨어 피어 있어도
너를 찾아가지 못하랴
사랑하면 보인다
숨어 있어도 보인다

정일근 시인이 쓴 〈쑥부쟁이 사랑〉이란 시입니다. 이름을 부르다보면 사랑하고, 사랑하면 보입니다. 사랑하는 마음으로 둘러보면 반드시 전도할 사람이 보입니다.

**딱 한 사람부터
일대일 전도**

교회에서 총동원주일에 전도할 사람을 적어내라고 하면 보통은 아직 믿지 않는 남편, 자녀들, 가족들의 이름을 써냅니다. 식구들이 모두 교회에 출석하고 있다면 이웃이나 직장 동료들을 떠올리는데 여기서부터 생각이 많아집니다.

'어휴, 저 사람은 부자여서 뭐 부족할 것도 없을 것 같은데 나 같은 게 전도한다고 먹히겠어?'

'저 할머니는 전도해봤자 누워 있기만 해서 교회에도 못 나오실 텐데, 괜히 시간낭비하지 말자.'

'부장님은 불교 신잔데 괜히 밉보이기나 하지. 그만두자.'

이 조건 저 조건 따지다보면 전도할 사람은 없습니다. 그러다 결국 내가 보기에 만만한 사람을 택해 이름을 적습니다. 하지만 세상에서 전도할 때 만만한 사람은 없습니다.

농촌이라고 해서 전도가 쉬운 것이 아닙니다. 제가 동강을 따라 50여 개의 마을을 돌아다녔습니다. 어수룩해 보이는 시골 할머니 할아버지들한테 전도가 쉬울 것 같아도 절대 그렇지 않습니다.

우선 사람을 만나기가 어려웠습니다. 외지 사람에 대한 경계심이 많기 때문이지요. 어떤 때는 잘 곳을 얻지 못해서 폐가에 혼자 누워 있을 때도 있었습니다. 밖에서 우는 짐승들의 소리보다 제 심장소리와 숨소리가 더 크게 들리는 공포를 맛보기도 했습니다.

텅 빈 마을 입구에 쭈그리고 앉아서 동네 개들에게 먹을 것을 던져주며 하나님 말씀을 전하기도 했습니다.

다원은 이 꽃들을 보고 도대체 어디서부터 시작되었는지 모르는
'지긋지긋한 수수께끼'라고 했지만, 저는 이 들꽃들이
하나님을 향해 모여 있는 성도들 같았습니다.
- 하미마을 메밀밭

"애들아, 이사야서 43장 말씀에 보니까 '보라 내가 새 일을 행하리니 이제 나타낼 것이라 너희가 그것을 알지 못하겠느냐 반드시 내가 광야에 길을 사막에 강을 내리니 장차 들짐승 곧 승냥이와 타조도 나를 존경할 것은 내가 광야에 물을, 사막에 강들을 내어 내 백성, 내가 택한 자에게 마시게 할 것임이라 이 백성은 내가 나를 위하여 지었나니 나를 찬송하게 하려 함이니라' 시 43:19-21고 하셨어. 어떠냐? 놀랍지 않냐? 언젠가 너희 같은 짐승들도 하나님을 존경할 때가 온다고 했거든. 지금이야 캄캄하지만 이 마을 분들도 하나님을 믿고 찬송할 때가 오겠지?"

어느 땐 길가 야생화 군락지 앞에 혼자 서서 바람에 흔들리는 아름다운 들꽃들을 바라보며 기도하기도 했습니다. 진화론을 주장한 찰스 다윈은 이 꽃들을 보고 도대체 어디서부터 시작되었는지 모르는 '지긋지긋한 수수께끼'라고 했지만, 저는 이 들꽃들이 하나님을 향해 모여 있는 성도들 같았습니다.

"주님, 이 들꽃들도 씨앗 한 톨로부터 시작되었을 텐데 이렇게 큰 무리가 되었네요. 주님, 주님이 우물가에서 만난 사마리아 여자 한 명이 그 마을 사람들을 전도했듯이 제게도 한 사람을 보내주세요. 같이 예배드릴 한 사람을 보내주세요."

그렇게 동강에서 사역한 지 15년이 되었습니다. 이제 근처에 사는 80여 명 가운데 교회에 등록하신 분이 42명입니다. 8개의 마을에서 오시는 분들입니다. 지역 주민 전체의 절반이 넘습니다. 수만 명이 모이는 도시 교회를 생각하면 아무것도 아니지만, 빤히 보이는 강 건너까지 걸어서 두 시간 걸리는 산골에서는 굉장한 일입니다. 이 전도의 역사도 처음 만난 한 부부로부터 시작되었습니다.

밭두렁 예배

마을에 도착하면 먼저 하는 일이, 그날 머물 수 있는 집을 정하는 겁니다. 누가복음 9장에 예수님이 열두 제자를 파송하면서 "어느 집에 들어가든지 거기서 머물다가 거기서 떠나라"[4절]고 가르치셨습니다. 전도를 해보니 이 말씀은 참으로 지혜로운 지침이었습니다.

사전에 정보가 있으면 그 동네에서 가장 연약한 가정이나 농사가 벅찬 집, 독거노인이나 몸과 마음이 힘든 분의 집을 택합니다. 아무 정보가 없으면 우선 좀 높은 곳으로 올라갑니다. 거기서 마을을 내려다보면서 어느 곳에 거처를 정할까 결정하는 것이지요.

아무 조건이 없습니다. 큰 집이든 쓰러져가는 집이든 성령님의 인도하심을 따라서 마음이 끌리는 대로 한 집을 택합니다. 왜 두려움이 없겠습니까? 무슨 봉변을 당할지도 모르는데요.

전도할 사람을 택하는 데도 외모를 보거나 지위를 보거나 마음속으로 계산하지 않습니다. 만나는 대로 할머니든, 아저씨든, 이장님이든 하나님의 인도하심이 느껴지면 무작정 시작합니다. 전도 대상을 정할 때 인간적인 생각이 많이 들어가게 되면 시작도 하기 전에 포기하는 경우가 많습니다.

15년 전 처음 운치리에 들어갔을 때 한 부부를 만났습니다. 50대 후반의 남편은 키가 크고 잘 생기고 힘이 세 보였습니다. 아주머니는 순박하고 친근감이 느껴졌습니다. 처음 보는 순간 이 분들 집에서 머물러야겠다는 마음이 들었습니다.

쫓아가서 인사를 했습니다. 그리고 품삯 없이 무조건 일을 도울 테니 잠자리를 제공해달라고 했습니다. 고추농사가 한창일 때라 일손이 부족해서 그런지 두 분도 허락을 했습니다. 그러나 곧 저는 그 분들을 선택한 것을 후회해야 했습니다.

두 분을 따라간 고추밭은 비탈진 산을 한 시간이나 올라가야 하는 곳이었습니다. 독지라는 곳이었는데 해발 700-800미터쯤 되는 산 능선 끝 분지에 있는 7천 평 가까운 밭이었습니다. 산지가 많은 강원도는 평지에 농사 지을 땅이 부족해 개간을 위해서는 산 정상 쪽으로 올라가야 합니다.

네 발로 기다시피 가파른 산비탈을 따라 앉았다 섰다를 반복하면서 고추를 따는데 허리가 부러질 것 같았습니다. 부부가 안 보는 사이에 도망치고 싶었습니다. 남들은 고추가 현찰을 만지기에 가장 좋은 작물이라고 하지만, 이 세상에서 제일 힘든 것이 고추농사였습니다. 지금도 고추 값이 너무 싸면 저는 화가 납니다.

잠시 쉴 때, 두 분과 이런저런 얘기를 나눴습니다.

두 분은 참 부지런하고 성실한 농부였습니다. 그곳 토박이인 남편과 경상도에서 시집온 아내는 그 비탈길을 지게를 지고 오르내리면서 농사를 지어 5남매를 모두 대학에 보냈습니다. 경운기가 굴러 큰 부상을 당하기도 하고, 죽기 일보 직전까지 가기도 했습니다. 평지에서 농사를 지어보는 게 소원이라는 두 분의 손에는 두툼하게 못이 박혀 있었습니다.

"노동하는 것은 기도하는 것"이라는 베네딕토 수도회의 좌우명이 떠올랐습니다. 저는 하나님이 이 두 분을 택하셨을 거라는 확신이 들었습니다. 한 달을 지내며 그 분들과 함께 농사일을 했습니다.

어느 날, 밭둑에 앉아 쉴 때 아저씨가 물었습니다.

"젊은이 직업이 뭐이래?"

"전도사예요."

"전도사? 전도사면 목사가 될 사람인가?"

"그렇죠."

"전도사가 왜 이런 델 와서 생고생인가?"

"예수님 전하려고요. 제가 예수님 얘기 좀 해드려도 되겠어요?"

"뭐, 좋을 대로. 품삯 대신 들어드리지."

그렇게 말씀을 전하고, 기도를 하고, 어느덧 같이 예배도 드리기 시작했습니다. 그 후 1년 동안 그 부부의 집에 자주 드나들면서 일을 도와드리고 고추도 팔아드렸습니다.

어느 날이었습니다. 날은 뜨겁고 일은 고되고 전도에는 진전이 없어 저는 조금씩 지쳐가고 있었습니다. 저도 야심이 있었습니다. 나이도 젊었습니다. 어렵게 신학교도 다녔습니다. 더 큰 일, 더 큰 교회에서 일을 하고 싶었습니다. 매일 먼 길을 찾아와 밭둑에 주저앉아서 한 사람, 두 사람 앞에 두고 기독교의 기초만 간단하게 전하는 것보다 수준 높은 설교도 하고 싶었습니다.

이렇게 하는 것이 과연 주님의 뜻일까? 이제 그만할까? 고민이 되었습니다. 마음속으로는 이제 마지막이다 생각하고 두 분과 함께 기도를 했습니다.

"하나님, 올해 고추농사가 잘 되게 해주시고 좋은 값에 팔리게 해주세요. 배추도 잘 되게 해주세요. 두 분에게 부디 예수님을 믿는 신앙을 주시고 건강을 주시고 자녀들에게 복을 주세요."

기도를 마치고 고개를 들었을 때, 아직 손을 모으고 기도하는 부부 뒤로 빨간색, 파란색 고추들이 병풍처럼 우리를 둘러싸고 찰랑찰랑 흔들리고 있었습니다. 순간 제 귀에는 그 소리가 성가대의 찬송으로 들렸습니다. 가슴이 벅차올랐습니다. 하나님께서 밭두렁 예배를 향기로운 제사처럼 받으시는 것을 느꼈습니다. 이 두 분과 수십만의 성도를 바꾸자고 해도 거절할 것 같았습니다. 하나님께서 제 발을 붙드신 것입니다.

❶ 15년 전 운치리에 들어와 처음 만났던 이원재, 박영자 집사님 부부
❷ 교회 언덕에서 내려다본 내리막길. 타지에서 온 여름수련회 팀이 차에서 내리고 있다.
❸ 언덕 입구에 세운 교회 표지판. 동강교회가 세워진 곳은 우연찮게도 이원재 집사님 부부의 신혼집 터였다.

놀라운 은혜

저는 두 분의 집을 거처로 삼아 그 지역 전도에 힘을 썼습니다. 저 혼자 한 것은 아닙니다. 도시 교회의 청년부에서 농활을 와주고, 침을 잘 놓는 전도사가 무료로 봉사를 해주었습니다. 농사를 지으시는 분들은 크고 작은 부상을 당합니다. 아픈 데를 치료해주면 주민들이 마음 문을 여는 데 큰 도움이 됩니다.

같이 고생하던 신학생 전도사들도 있었습니다. 정수태 전도사, 김대훈 전도사, 오영미 전도사입니다. 각 마을을 분담해서 구역장을 맡아주고 성가대도 만들었습니다. 김대훈 전도사는 할머니들 주일에 예배 참석하시라고 토요일에 방문해서 미리 일을 다 해주었습니다. 사례비도 없이 헌신한 젊은 전도사들은 지금은 모두 다른 곳에서 주의 종으로 사역하고 있습니다.

10년이 지나자 어느새 전도의 열매가 맺혀 두 부부와 여덟 가구 정도의 교인들이 생겼습니다.

"목사님, 우리도 이제 예배당 하나 지읍시다."

"마땅한 데가 나오면 한번 해보지요."

대답은 했지만 돈도 없고 터도 없었습니다. 교회를 짓는다면 오지 선교를 위한 센터를 겸하고 싶다는 소망은 있었습니다.

하나님의 뜻이 있었는지 이름을 밝히지 않는 분의 헌금으로 교회

터를 살 수 있었습니다. 그 다음 개미들의 행진 같은 성도들의 소액 헌금이 이어졌습니다. 비품들도 하나 둘씩 기증해주셨습니다.

드디어 2007년, 동강이 내려다보이는 언덕 위에 '동강교회' 라는 조그만 예배당이 세워졌습니다. 총신대 '농촌교회 세우기 선교회' 에서 나온 전도사들과 함께 터를 닦고, 바닥 콘크리트 타설을 하고, 벽을 세우고, 내장 작업까지 하면서 한 달 동안 교회를 지었습니다. 처음에 품었던 소망대로 교회는 오지선교의 베이스캠프로 사용되고 있습니다.

놀랍게도 동강교회가 세워진 곳은 제가 운치리에 들어와 처음 만났던 이원재, 박영자 부부의 신혼집 터였습니다. 두 분은 교회가 세워지고 첫 번째 부활절에 집사 임명을 받았습니다. 그리고 지금까지 동강교회를 받치는 든든한 집사님으로 섬기고 계십니다. 아들 하나가 아직 장가를 안 간 것 빼고는 영적으로나 물질적으로 넉넉하게 하나님의 축복을 누리고 계십니다.

누가 되었든 한 영혼을 찾아가는 것이 전도의 시작입니다. 그 한 영혼으로부터 하나님의 구원 열매가 풍성히 맺힐 수 있으니까요. 처음엔 답답하고 지루하더라도 한 영혼으로부터 시작되는 하나님의 놀라운 계획과 인도하심을 바라보십시오.

저는 '무작정' 이란 단어를 좋아합니다. 무모하다는 말도 괜찮습니다. 성공한 사람들을 보면 무작정 상경해서 바닥서부터 무모하게 시작한 사람들이 많습니다. 얼마나 많은 실패를 했겠습니까? 주님의 일은 내 힘으로 할 수 없습니다. 전도도 마찬가지입니다. 무작정 시작하는 것입니다. 나에게는 무작정인 것 같아도 하나님에게는 치밀한 계획이 있습니다.

한 번쯤은 인간적인 조건을 보지 말고 오직 하나님이 마음에 정해 주시는 딱 한 사람을 대상으로 무작정 전도를 해봤으면 합니다. 내 생각으로는 턱도 없는 한 사람을 마음에 품고 두려워하지 말고 부딪쳐 나가면 확신하건데 정말 놀라운 일들이 전도 받는 분과 전도하는 분 모두에게 일어날 것입니다.

"그 작은 자가 천 명을 이루겠고 그 약한 자가 강국을 이룰 것이라 때가 되면 나 여호와가 속히 이루리라." 사 60: 22

섬김의 전도 비결 2

한 사람부터 시작하라!

한 번쯤 하나님이 마음에 정해주시는 한 사람을 대상으로 '무작정' 전도를 해보라. 처음엔 답답할지 몰라도 한 영혼에서 시작되는 하나님의 놀라운 계획과 인도하심을 보게 될 것이다.

이충석 목사가 귀띔해주는
전도 비결 3

찾아가서 들어주고 기도하라

전도란 예수님 시절에도 어려웠고, 바울 시절에도 어려웠습니다. 아프리카에서도 힘들고, 아마존에서도, 도시에서도, 산골짜기에서도 똑같이 힘이 듭니다. 한 영혼이 죽음에서 생명으로 옮겨오는 것인데 그 일이 절대 쉬울 리 없습니다.

복음을 거세게 거절하는 사람일수록 하나님께서 자녀 삼기로 찍으신 사람일 확률이 높습니다. 진짜 전도하기 힘든 사람은 영적으로 무관심한 사람입니다. 그래도 매일 찾아가고, 들어주고, 기도해주면 영적인 눈을 뜰 것입니다.

제가 경험한 전도의 세 번째 비결은 간단합니다. 무조건 찾아가기, 들어주기, 기도하기입니다. 이제는 교회가 사람들이 오기를 기다리지 말고, 잃어버린 양들을 찾으러 적극적으로 나가야 하는 때가 온 것 같습니다.

찾아갑니다

신학교에 다닐 때 '씨앗선교회'를 만든 적이 있었습니다. 방학 동안 신학교 동기들과 팀을 짜서 농촌과 낙도로 선교를 나가는 것이지요. 후에 총신대 총신낙도선교회(현재 낙도선교회)와 힘을 합쳐 본격적으로 낙도선교를 나갔습니다.

"낙도와 오지에 그리스도의 계절이 오게 하자"라는 슬로건을 걸고 외딴 섬과 산간벽지에 7-8명이 한 팀이 되어 무작정 찾아가서 복음을 전했습니다.

처음 팀장이 되어 배정받은 섬은 전남 여수에서 뱃길로 7시간 가야 하는 광도였습니다. 지도상엔 아주 작은 점 하나로 찍혀 있는 섬이지요. 손죽도에서 운이 좋으면 섬사랑호를 갈아타고 들어갈 수 있다는 것, 섬 주민은 다섯 가구에 8명이 전부라는 것 말고는 아무 정보가 없었습니다. 장마에 파도까지 높아 이틀 동안 손죽도에 발이 묶여 있다가 겨우 광도에 도착했습니다. 접안 시설이 없어 파도가 조금만 높아도 배를 댈 수가 없었습니다. 간절한 기도가 절로 나왔습니다.

너른 바위 하나에 조심스럽게 배가 닿았습니다. 마을 어르신들이 나와 반갑게 손을 흔들고 계셨습니다.

"와, 전도자를 이렇게 환영하는 섬도 있구나!"

착각이었습니다. 그 분들은 우리 전도팀을 환영하러 나온 것이 아니었습니다. 오랫동안 배가 못 들어와 떨어진 생필품과 편지, 소포들을 기다리셨던 것이지요.

해안가 가파른 계단을 한참 동안 올라가니 비탈진 등성이에 돌담을 쌓아 해풍을 막고 초가를 얹은 작은 흙집 다섯 채가 드문드문 자리 잡고 있었습니다. 이 마을에는 혼자 되신 할머니 세 분과 부부 두 쌍이 살고 있었습니다. 이장님 댁을 찾아가 무작정 일을 도우러 왔다고 말씀드렸습니다. 마침 오랫동안 청소하지 못한 우물이 있다고 해서 그 일을 하겠다고 했습니다.

고인 물을 퍼내고 이끼를 닦아내는 녹록치 않은 작업이었습니다. 우리는 꾀를 부리지 않고 열심히 일했습니다. 처음엔 경계하던 마을 어른들도 조금씩 마음 문을 여셨습니다.

광도 주민들은 톳을 재배해서 생계를 유지하고 있었습니다. 마을 어르신 8명은 나서부터 이곳에 사셨고, 전쟁도 모르고 예수님도 모르셨습니다.

"저희는 예수님을 전하러 온 신학생들입니다. 예수님 믿고 천당 가셔야지요."

"뭣이, 여수? 여그서 예닐곱 시간 나가야 여수가 나오제, 암만."

"낙도와 오지에 그리스도의 계절이 오게 하자"라는 슬로건을 걸고 외딴 섬과 산간벽지에 7-8명이 한 팀이 되어 무작정 찾아가서 복음을 전했습니다.

❶ 2001년 한밀교회에서 선교 사역할 때 각 주민들의 집을 방문하던 중
❷ 마을 어귀에 걸어놓은 한밀교회의 플래카드
❸ 길에서 마을 주민과 얘기하고 있다.

"아니요, 하나님의 아들 예수님이요. 할머니, 할머니는 돌아가신 다음 천당에 가시는 게 좋아요, 아님 지옥에 가시는 게 좋아요?"

"그야, 천당이 좋지라. 근디 나는 못 가. 지은 죄가 많어."

"할머니, 만약 어떤 사람이 할머니 대신 벌을 받고 할머니를 천국 가게 해준다면 어떠시겠어요?"

"그런 사람이 세상에 있나?"

"있으면요?"

"그럼 고맙지라."

"바로 그 분이 예수님이에요."

나이가 드신 분들은 본능적으로 죽음 문제에 민감하셔서 복음의 초점을 천국에 맞춰 전도를 했습니다. 섬에 머문 며칠 동안 마을 어르신들과 정이 들고 말았습니다.

헤어지는 날, 저는 어르신들과 매주 전화로 예배를 드리기로 약속했습니다.

섬에서 돌아온 다음 주일 아침, 조마조마한 마음으로 이장님 댁에 전화를 드렸습니다. 어르신들이 약속대로 모여 계셨습니다. 할렐루야! 저는 전화로 기도하고 사도신경을 한 줄 한 줄 따라 읽게 하고 성경말씀을 들려드렸습니다. 그렇게 교제가 시작되었고 어르신들은 점점 예수님을 알게 되었습니다.

완도읍 망남리로 전도하러 나갔던 낙도선교팀이 있었습니다. 청년들이 마을에 들어가서 전도하러 왔다고 하자마자 주민들로부터 돌멩이와 몽둥이 세례를 받았습니다. 이유도 모르고 쫓겨난 전도팀은 방파제 위에 텐트를 칠 수밖에 없었습니다. 마을에 들어갈 수도 없으니 누구에게도 복음을 전할 수가 없었습니다. 학교에서 돌아오는 아이들을 모아 함께 놀아주고 전도를 하다가 또다시 동네 할아버지에게 지팡이로 얻어맞았습니다.

전도는 거절당하고 쫓겨나는 것에서 시작된다는 것을 알면서도 계속 거절당하면 낙심이 되고 화가 납니다. 오죽하면 사랑의 사도라고 불리는 요한이 예수님을 거부하는 사마리아 사람들을 보고 "주여 우리가 불을 명하여 하늘로부터 내려 저들을 멸하라 하기를 원하시니이까" 눅 9:54 라고 말하며 분통을 터뜨렸을까요? 하지만 예수님은 그런 요한을 꾸짖으셨습니다.

나중에 안 사실이지만, 그 마을 주민의 딸이 1987년에 일어났던 사이비 기독교 오대양사건 현장에서 변사체로 발견되었다고 합니다. 다음부터 기독교에 대한 거부감이 심해졌던 것이지요. 기독교에 대해 잘 모르는 분들은 이단종파도 다 기독교로 여깁니다.

그러나 전도팀은 낙심하는 대신 닷새 동안 방파제와 마을 입구를 깨끗하게 청소하고 조용히 철수했습니다.

6개월 뒤, 전도팀은 또 얻어맞을 각오를 하고 다시 그 섬을 찾았습니다. 뜻밖에 주민들이 그들을 반겼습니다. 마을회관에 거처도 마련해주고, 할머니들은 음료수까지 따뜻하게 데워서 대접해주셨습니다. 무엇이 그 분들의 마음을 변하게 했을까요?

 마을 사람들은 청년들이 몽둥이로 맞았는데도 돌아가지 않고 더러운 곳을 청소하고, 아이들과 놀아주는 모습을 안 보는 척 하면서도 유심히 지켜봤다고 합니다. 진심이 통한 것이지요. 그렇게 전도가 시작되었고 할머니들 8명이 주축이 되어 교회를 세우게 되었습니다. 억울하게 돌멩이로 얻어맞았을 때 청년들이 화를 내고 돌아갔다면, 또 6개월 뒤에 다시 그곳을 찾아가지 않았다면 어떻게 복음이 전해질 수 있었을까요?

 전도의 시작은 거절이지만 찾아가는 발걸음만이 그 거절의 문을 열 수 있습니다. 전도하고 싶은 사람이 있다면 무작정 찾아가야 합니다.

 요즘 아파트에서는 현관부터 출입이 통제됩니다. 카드키가 있어야 들어갈 수 있지요. 어쩌다가 출입구를 통과했다 하더라도 가가호호 방문해서 현관문을 열게 할 수 없습니다. 집안에 사람이 없기도 하지만 있어도 열어주지 않습니다.

 노방전도도 어렵습니다. 길에서 나눠주는 휴지를 받아가기는 해도 사생활 보호 때문에 전화번호를 가르쳐주지 않습니다. 연예인 초청도 들인 예산보다 성과가 그리 크지는 않습니다.

 앞으로 우리나라 인구가 줄어들고 고령화가 더 진행되면 전도 환경도 더 어려워질 것입니다. 사람을 만날 수도 없고, 만나도 노인들만 있는 산골 오지와 같게 되는 것이지요.

사람들이 우리에게 오지 않는다면 우리가 전도할 사람들이 모인 곳으로 가야겠지요. 제 생각엔 이제 크리스천들끼리만 교회에 모이는 것에서 벗어나서 교회 밖의 봉사에도 열심을 내야 합니다.

사람들이 하기 귀찮아하는 이장, 통장, 반장을 맡는 것도 좋습니다. 구청에서 하는 봉사도 좋고, 타 종교인들과 함께하는 봉사도 괜찮습니다. 선한 일을 하는 곳이라면 크리스천들이 꼭 있어야 하겠습니다. 전도하러 목숨 걸고 이슬람 국가도 가고 아마존 밀림에도 가는데 국내에서 어딘들 못 가겠습니까?

대신 묵묵하게 일하면서 본을 보여야 합니다. 전도는 말이 아니라 몸으로 하는 것이기 때문입니다. 베드로 사도는 "너희가 이방인 중에서 행실을 선하게 가져 너희를 악행한다고 비방하는 자들로 하여금 너희 선한 일을 보고 오시는 날에 하나님께 영광을 돌리게 하라" 벧전 2:12고 했습니다.

이 땅에 기독교를 일으킨 분은 하나님입니다. 한국 교회의 폭풍성장 앞에는 성령님의 인도가 있었습니다. 우리가 한 것이 아닙니다. 지금처럼 기독교가 사람들에게 존경을 받지 못하는 것도 하나님께서 우리에게 주시는 경고의 말씀입니다.

한국 교회가 너무 높아진 것은 아닌지, 가난하고 외로운 사람들을 돌보는 일에 소홀했던 것은 아닌지 반성해야 합니다.

사랑의 매를 잘 맞으면 기독교의 미래는 어둡지 않습니다. 주님이 때리시는 것은 소망이 있다는 증거입니다. 더욱 겸손해지고, 더욱 선해지고, 더욱 베푸는 기독교가 될 것입니다. 지금처럼 전도하기 어려운 때가 한국 기독교에 새로운 기회가 될 수 있습니다.

들어줍니다

인간은 외롭습니다. 혼자서는 살 수 없습니다. 그래서 휴대폰도 있고, 이메일도 생기고, 페이스북이란 것도 생깁니다. 그걸로 세계 어디에 있든지 통화도 하고, 편지도 쓰고, 근황도 알립니다. 연애 중이고, 헤어졌고, 슬프고, 기쁘고 하는 개인적인 일들도 스스럼없이 노출합니다. 요즘 스마트폰으로는 자기가 가는 여행지, 자기가 먹는 음식, 자기가 사는 물건까지 실시간으로 중계합니다.

그러면 댓글이 줄줄이 달립니다. 가상공간에서의 소통은 밤 12시 종소리와 함께 사라지는 신데렐라의 멋진 옷과 마차 같이 허무한 것인지 모르는데도 사람들은 그 공간에 대고 자신의 얘기를 합니다. 누군가 들어주길 바라기 때문이지요.

산속에 사는 분들도 마찬가지입니다. 특히나 노인들은 한 많은 세월을 살아오신 분들이 대부분이지요. 요즘은 사업에 실패하거나 깊

① 전남 완도 근처의 당사도교회 건축사역 가는 배에서
② 주민들과 시시콜콜하게 살아가는 이야기를 나누는 데서 전도가 시작되었다.

노인들과 10분만 얘기를 하면 그 분의 모든 것이 다 나오지요. 그분들이 거듭 얘기하는 곳에 아픔이 있습니다. 전도가 시작되는 접점입니다.

은 병이 들어서 산에 들어오신 분들이 늘고 있습니다. 그런 분들의 답답한 사연을 들어주기만 해도 복음을 전할 수 있습니다.

저도 처음에는 복음을 '던지러' 다녔습니다. 사람을 만나면 우선 복음을 폭탄처럼 '터뜨리고', 좌우에 날선 검처럼 '휘둘러서' 상대방을 단칼에 제압하는 것만이 전도인 줄 알았습니다. 전도가 '말'이라고 생각한 거죠.

그런데 이렇게 하니까 사람들이 화를 내고 마음 문을 닫아버렸습니다. 대화가 끊어졌습니다. 밭일 하던 연장으로 때리려고 하는 분도 있었습니다.

"이런 미친 놈을 봤나. 밭일도 힘들어 죽겠구먼 젊은 놈이 일은 안 하고 알아먹지도 못허는 말이나 지껄이구 다녀? 백수건달 같은 놈, 저리 못 가?"

그렇게 되면 더 이상 다가갈 수 없었습니다. 특히나 매일 봐야 하는 사람이 적대시하면 얼마나 힘이 드는지 모릅니다. 산성 문빗장을 여는 것보다 더 힘이 듭니다.

병법의 최고봉은 싸우지 않고 이기는 거라고 했습니다. 그래서 방법을 바꿨습니다. 일상적인 얘기부터 시작했습니다.

"할머니, 저 닭은 품종이 뭔가요? 알 잘 낳게 생겼는데 어디서 사셨어요?"

"이번 고추는 근에 얼마로 파셨어요? 야아, 여름 내내 애쓰셨는데 잘 받으셨네요."

소통이 되면 그 다음은 무조건 들어주는 것이지요. 저는 농촌으로 봉사를 나오는 농활팀에 노인들 얘기만 하루 종일 들어주기 봉사가 따로 있었으면 하고 바랄 정도입니다. 노인들과 10분만 얘기를 하면 그 분의 모든 것이 나오지요. 그분들이 거듭 얘기하는 곳에 아픔이 있습니다. 전도가 시작되는 접점입니다.

우리 교회에 나오시는 할아버지 한 분은 마음은 여리고 착한데 술을 많이 드십니다. 술이 들어가면 또 말씀이 많아지지요. 할아버지는 얘기를 하고 싶어서 아예 작정하고 교회로 저를 찾아오십니다.

"이 목사, 나 왔소."

할아버지는 자식 걱정, 마누라 하고 싸운 얘기, 왕년에 노름하던 얘기까지 다 하고 일어나십니다. 그러면서 한마디 하시지요.

"목사님은 부처 같소."

"목사한테 부처 같다니요."

"내 말을 들어줘서 고맙다는 말이요."

혼자서 복음을 전하러 강원도 홍천 쪽으로 들어갈 때였습니다. 산속에서 밤을 맞게 되면 보통 차 안에서 자거나, 아니면 텐트를 치는데 그날은 민박을 하고 싶었습니다.

마을에서 떨어진 곳에 외딴 집이 보였습니다.

"오늘은 저 집에서 자야겠다."

잠시 하나님께 기도를 드리고 그 집으로 향했습니다.

"실례합니다. 누구 계세요?"

방문이 벌컥 열리고 할아버지 한 분이 내다보셨습니다.

"누구냐?"

"저, 하룻밤만 재워주실 수 있나요?"

"뭐하는 놈이여?"

"예수님을 전하는 전도사입니다. 너무 늦어서 잘 데가 마땅치가 않네요."

할아버지는 미심쩍게 바라봤습니다. 방 안에는 할머니가 계셨습니다. 할아버지는 저를 한 번 더 훑어보더니 "들어온나" 하셨습니다.

"안 그래도 술 생각이 간절했는데 잘 됐네. 내 술동무나 돼주게."

할아버지는 대병짜리 소주를 꺼내셨습니다. 할머니가 김치 한 보시기를 내오셨습니다.

"술 한 잔 받어."

"할아버지, 저는 예수를 믿는 사람이라 술은 못합니다. 대신 술동무는 돼드릴게요."

"쯧, 젊은 놈이 술도 못하구."

할아버지는 혀를 차셨습니다. 술 한 잔 들이킨 후에 할아버지의 신세 타령이 시작되었습니다. 총각 때 배 타고 돌아다닌 얘기, 광부로 일하던 얘기, 6.25 전쟁 때 죽다 살아난 얘기. 할아버지의 한 많은 74년의 이야기가 끝도 없이 이어졌습니다. 잠이 밀려왔지만 억지로 참으면서 맞장구를 쳐드렸습니다.

어느새 새벽이 밝아왔습니다.

"오늘은 여기까지만 하지. 어이구 실컷 얘기했더니 속이 다 후련하다. 젊은이 들어줘서 고마우이. 근데 자넨 뭐한다고 했지?"

지금이 기회다 싶었습니다.

"할아버지 술이 들어가면 기분이 좋으세요?"

"좋지."

"술 깨면요?"

"안 좋아."

"그럼 술을 안 드시고도 술 마신 것처럼 기분 좋고 속이 후련해지면 어떠시겠어요?"

"그런 게 세상에 어데 있나?"

"술동무가 아니라도 언제나 할아버지 말을 들어주는 분이 있으면 어떠시겠어요?"

"아, 그런 게 있으면 좋지."

"할아버지, 예수님을 믿으면 술 드시는 것보다 더 행복하고 기분이 좋아져요."

저는 할아버지가 알아듣기 쉽게 짧게 복음을 전했습니다.

"거 뭔 말인지 다 못 알아듣네만, 자네 믿는 신이 진짜긴 진짠 거 같으이."

그 뒤로도 틈틈이 할아버지를 찾아갔습니다. 할아버지는 저를 손자처럼 대해주셨습니다. 6개월이 지나갈 무렵, 할아버지가 느닷없이 한 마디 하셨습니다.

"전도사, 자네가 믿는 예수 내도 한번 믿어볼라네."

저는 너무 기뻐서 할아버지 손을 붙들고 당장 영접기도를 올렸습니다. 정기적으로 할아버지와 함께 밭둑에 앉아 같이 예배를 드리고 기도도 드리기 시작했습니다. 할아버지는 기도 중간 중간 간섭을 하셨습니다.

"하나님, 이번 고추는 근에 5천 원 이상 받게 해주시옵고…"

"전도사, 그게 아녀, 고추는 근에 6천 원은 받아야 돼."

"강릉 사는 아드님이 건강하게 해주시고…"

"우리 딸이 강릉 산다고 했지. 우리 아들이 아녀."

"알았어요, 할아버지. 다시 할게요."

다시 몇 달이 지났습니다. 어느 날 전화 한 통을 받았습니다. 젊은 남자의 목소리였습니다.

"혹시 김성일 씨라고 아십니까?"

"예. 홍천에 사시는 할아버지 말씀인가요?"

"제 아버님인데 며칠 전에 돌아가셨습니다. 근데 좀 곤란한 일이 생겼습니다."

"무슨 일인데요?"

"아버님이 장례식은 전도사님이 직접 집례하는 기독교식으로 해 달라는 유언을 남기셨습니다. 어머님이 전도사님 오기 전까지는 시신에 손도 못 대게 하시니 어떻게 합니까? 와서 장례를 치러주셨으면 하는데요."

망설일 이유가 없었습니다. 서둘러 할아버지 댁으로 내려갔습니다. 시신이 그대로 있었습니다.

"잘 부탁드리우."

할머니가 제 손을 꼭 붙드셨습니다. 저는 정성껏 염을 해드렸습니다. 그저 한 맺힌 얘기만 들어드렸을 뿐인데 어린아이같이 예수님을 영접하셨던 할아버지.

"할아버지, 나머지 얘긴 예수님 붙들고 실컷 하세요."

기독교식으로 장례를 치르면서 남은 가족들에게도 복음을 전했습니다.

몇 달 후, 다시 할아버지 댁을 찾았습니다. 그 집은 보이지 않았습니다. 아들들이 집을 허물고 할머니를 모시고 갔다고 마을 어른들이 전해주었습니다. 저는 텅 빈 집터를 바라보았습니다. 허무했습니다. 마치 저의 사역을 보는 것 같았습니다.

"주님, 5년 만에 한 명 전도하면 돌아가시고, 3년 만에 겨우 한 명 예수님 영접하면 이사 가시니 제가 힘이 다 빠집니다. 평생 자라지 않는 아이를 키우는 심정이에요. 저도 성도들과 함께 성경공부도 하고 싶고, 제자양육도 하고 싶습니다. 목사가 양들이 커가는 걸 보는 것이 기쁨이고, 성도가 쑥쑥 커야 목사도 성장하지 않겠습니까?"

씁쓸한 넋두리를 했습니다.

주님은 즉각 답변을 주셨습니다.

"전도가 너의 성공을 위한 것이냐?"

"아닙니다."

"내가 필요로 하는 영혼을 위해 네가 일하는 것이지?"

정신이 번쩍 들었습니다. 주님을 위해 뭔가를 바쳤다고 생각하는 사람들이 빠지기 쉬운 교만한 불평을 제가 했던 것이지요.

"그렇습니다. 주님. 할아버지의 영혼을 받아주심을 감사드립니다. 저를 할아버지께 보내주셔서 감사합니다. 주님의 소망을 기다리는 사람이 한 사람이라도 오지에 남아 있다면 저를 보내소서. 제가 그들에게 복음을 전하겠습니다."

다시 한 번 영적 각성을 하는 순간이었습니다.

함께 기도합니다

산골이나 낙도에 사시는 분들은 사연이 많습니다. 처음에는 들어오라고도 하지 않지만, 그래도 자꾸 찾아가면 정이 듭니다. 미운 정이 고운 정으로 바뀌는 것이지요. 농사 이야기를 하다보면 농협 빚 얘기가 나오고 걱정되는 자식 얘기가 나오지요.

"배추 농사는 도박이여, 도박. 작년 봄에는 이상저온이라 모종이 얼어 죽더니만 이번 여름에는 비가 너무 마이 와서 다 녹아버렸어. 이러니 빚만 늘지."

"둘째 놈만 장가 보내면 내가 한이 없겄어."

"메느리가 암병에 걸렸어. 하늘두 무심허지. 다 산 나를 붙들어 가시지 왜 앞날 창창한 메느리가 아픈가."

하나님은 공평한 분이어선지 걱정 근심 없는 집이 없습니다.

"걱정이 많이 되시겠어요. 할머니, 제가 그걸 위해서 하나님께 기도해드릴 테니 우리 함께 기도해볼까요?"

예수님을 믿지 않더라도 기도를 해드리겠다고 하면 열 명 중 아홉 명은 거절하지 않습니다. 영접기도가 아니라 그 분의 걱정거리를 함께 예수님께 고하는 기도입니다. 자연스럽게 기독교식 기도를 가르쳐드리는 것이지요. 닫힌 마음을 여는 데는 기도만큼 좋은 것이 없습니다. 두세 사람이 기도하는 곳에 예수님도 함께 계시기 때문에 예상치도 못했던 놀라운 역사가 일어납니다.

군산 앞바다에 죽도라는 섬이 있습니다. 신학교 겨울방학에 그곳으로 전도를 나갔습니다. 칼바람이 부는 1월이었습니다. 열세 가구에 30명이 사는 작은 섬이라고 알고 떠났습니다. 물론 교회는 없었습니다. 군산항에서 1시간 거리였지만 기상악화로 배가 뜰 수 없었습니다. 우리는 웃돈을 주고 개인이 운항하는 2톤짜리 FRP유리섬유 강화

플라스틱 배를 빌렸습니다. 어찌나 바닷바람이 매섭던지 고개를 들 수조차 없었습니다. 죽도에 우리를 내려놓은 선장은 일주일 후에 오겠다며 돌아가버렸습니다.

마을이 왠지 스산하고 조용했습니다. 집집마다 문을 두드려봤지만 아무도 없었습니다. 마을이 텅 비어 있었습니다. 예전에는 사람들이 살았지만 이제는 무인도가 되어버린 섬이었습니다. 정보가 잘못된 것이었지요. 어쩔 줄 모르는 팀원들을 다독이면서 우선 허름한 빈집을 찾아 짐을 풀었습니다.

뻥 뚫린 창문으로 송곳 같은 겨울바람이 들어와 꽂혔습니다. 가지고 온 김장비닐로 대충 틀어막고 밤을 지샜습니다. 이대로 빈 섬을 지켜야 하는지, 아니면 날이 밝는 대로 배를 다시 불러 나갈지 결정해야 했습니다. 우리는 기도하고 찬송하며 하나님께 지혜를 구했습니다. 얼마쯤 지나자 선착장에 배가 한 척 들어오고 있었습니다.

우리는 반갑게 선착장으로 달려갔습니다. 그 배는 고기잡이 배였습니다. 풍상에 지쳐 보이는 남자들 4명이 내렸습니다. 술 냄새가 풀풀 났습니다. 배에서 물건들을 내리길래 우리가 작업을 돕겠다고 했습니다. 단칼에 거절당했습니다. 행색이나 말투가 거칠고 차가웠습니다. 그렇다고 순순히 물러날 우리들이 아니지요. 마침내 그 분들이 우리 도움을 받아들였습니다.

해안가 그 분들의 숙소로 갔습니다. 허름한 가건물이었습니다. 그 분들은 섬주민이 아니었고 홍합 등을 양식하는 고용 인부들이었습

"지금 이 생활에서 빠져 나가고 싶으면 이 길밖에는 없어요.
형님, 나는 힘이 없지만, 하나님은 전능하시니
무슨 길을 열어주실 겁니다. 우리 함께 하나님께 기도해봅시다."
—읍내로 가는 오래된 지름길 고성터널

니다. 우리는 죽도 주민들을 전도하러 왔지만 주님은 그 대상을 바꾸신 듯 했습니다. 노예처럼 여기저기 흘러 다니면서 몸과 마음이 피폐해진 4명의 선원들이었습니다.

다음 날 아침, 음식을 싸들고 선원들 숙소로 찾아갔습니다. 반갑게 인사를 했지만 아저씨들은 본 척도 안했습니다. 아저씨들은 벌써 술이 얼근하게 취한 채 어망 손질을 하고 있었습니다. 그 중 나이가 가장 많아 보이는 정 씨 아저씨는 알코올중독 증세가 있는지 손을 떨면서도 계속 물 마시듯 술을 마셨습니다. 마음이 아파왔습니다. 조용히 곁으로 다가가 어망 손질하는 것을 도와드렸습니다. 아저씨들은 여전히 퉁명스럽게 욕을 하고 무시했습니다. 우린 아무 소리 없이 그냥 웃기만 했습니다.

밤이 되었습니다. 아저씨들의 술판에 우리가 끼었습니다. 술을 같이 마시지는 못했지만 그 분들의 파란만장하고 한 많은 이야기를 들어주었습니다. 자연스럽게 형님, 동생이 되었습니다.

정 씨 아저씨는 고향이 안산이었습니다. 10년 넘게 도박 빚에 몰려 선원생활을 하고 있다고 했습니다. 한번 말문이 열리자 청산유수였습니다. 아저씨는 어느새 마음을 열고 자신의 슬픔, 분노, 좌절, 죄책감을 다 쏟아내기 시작했습니다. 그리고 통곡을 했습니다.

"동생, 이제 어떻게 살아야 하나. 나를 좀 여기서 구해주게나."

가난한 신학생인 제가 도와드릴 수 있는 것은 아무것도 없었습니다. 가진 것은 예수님의 복음밖에는 없었습니다.

"형님, 저도 예수님을 영접하기 전에는 주먹도 쓰고 거친 생활을 한 적도 있어요. 살고 싶지 않을 정도로 좌절도 많았어요. 지금도 가난합니다만, 그래도 예수님을 믿으니 소망이 보입니다. 형님도 무조건 예수님을 한번 믿어보세요. 지금 이 생활에서 빠져 나가고 싶으면 이 길밖에는 없어요. 형님, 나는 힘이 없지만 하나님은 전능하시니 무슨 길을 열어주실 겁니다. 우리 함께 하나님께 기도해봅시다."

나는 형님 손을 붙들고 진심으로 기도했습니다. 성령의 역사가 느껴졌습니다. 뼛속까지 거친 노름꾼이었던 뱃사람 정 씨 아저씨가 갑자기 어린양처럼 유순하게 복음을 받아들였습니다. 그리고 회개를 했습니다.

이듬해 추석, 섬에서 나온 정 씨 아저씨는 인천에 자리를 잡았습니다. 그리고 교회에 출석한다는 소식을 전해 왔습니다.

전도를 하면서 딱히 공감대가 없고 무슨 말을 어떻게 꺼내야 할지 모를 때가 있습니다. 할 말이 없으니 찾아갈 엄두가 안 납니다. 망설여집니다. 그래도 찾아가십시오. 찾아가서 들어주십시오. 그러면 신뢰가 쌓입니다. 내가 무슨 말을 해서가 아니라 귀를 기울이면서 상대방의 마음을 알아줄 때 더 큰 힘이 발휘됩니다. 그리고 함께 기도해주십시오. 그러면 하나님의 역사가 시작될 것입니다. 아니 하나님은 이미 일하고 계시는 중입니다. 그분의 뜻대로 착착 일이 진행되고 있는 겁니다.

섬김의 전도 비결 3

찾아가서 들어주고 기도하라!

사람들이 오지 않는 것을 탓하지 말고
전도할 사람들을 먼저 찾아가라. 가서 그들의
얘기를 들으며 마음을 알아주고 함께 기도하라.
이미 시작된 하나님의 계획이 착착 진행될 것이다.

이충석 목사가 귀띔해주는
전도 비결 4

부지런한 농부처럼 수고하라

목사의 묵은 밭

어느 주일, 평소에는 얌전하신데 술만 들어가면 말씀이 많아지는 이성희 집사님이 예배 중간에 손을 번쩍 들었습니다.

"목사님, 오늘 설교 좀 짧게 해주시오. 내 할 말이 있는데…"

옆에 있던 할머니가 핀잔을 줬습니다.

"목사님 설교하시는데 우타 술까지 먹고 와서리 얼굴은 벌게가지구… 이래 시끄럽게 하오. 이따가 얘기하지."

두 분은 예배시간에도 종종 부부싸움을 하십니다.

"이따가는 자꾸 잊어버리니까 그렇지."

할아버지가 화를 벌컥 냈습니다. 제가 얼른 끼어들었습니다.

"이왕 말씀 꺼내셨으니까 한번 해보세요."

가끔 외부 사람들이 우리 교회에 와서 예배드릴 때 재미있어 하시는 게 있는데, 예배 중에도 목사와 성도 간의 실시간 대화가 가능하다는 것이지요.

"교회 앞 저 밭 말이우. 묵어서 영 보기 싫은데, 뭐라도 심고 우리가 돌아가면서 왔다갔다 풀도 좀 뽑고 손보면 안 되겠나 하고…."

부끄러움이 확 올라왔습니다. 교회 앞에 밭이 있지만 묵혀둔 지 오래 되었습니다.

저도 농사를 지어봤지만 제가 밭을 갖게 되면 성도를 돌볼 시간이 없을 정도로 거기에 매여야 합니다. 게다가 헌금이 거의 들어오지 않는 교회 사정상 제가 외부 강연을 나가야 하는데 도저히 밭을 돌볼 수 없는 처지이고요.

사정을 알면서도 농부들은 묵힌 밭을 보면 싫어합니다. 아무리 바쁜 목사라 해도 밭을 묵히기만 하고 방치하면 성도들이 저에 대한 존경까지 거둬들일 수도 있습니다. 그러니 제 집 앞의 묵힌 밭은 하나님께서 주신 영적 긴장감을 재는 척도입니다. 매일 아침 그 앞에서 성경말씀을 묵상하면서 제 자신을 돌아봅니다.

"내가 게으른 자의 밭과 지혜 없는 자의 포도원을 지나며 본즉 가시덤불이 그 전부에 퍼졌으며 그 지면이 거친 풀로 덮였고 돌담이

농사는 하려고 하면 손 갈 게 한이 없지만
안 하려고 하면 마냥 게으름을 부릴 수 있는 일입니다.
교회 일도 똑같습니다. 봉사나 전도도 하려고 하면 끝이 없지만
안 하려고 하면 얼마든지 안 할 수도 있습니다.
- 수동마을 감자밭

무너져 있기로 내가 보고 생각이 깊었고 내가 보고 훈계를 받았었노라."잠 24:30-32

밭을 보면 그 주인이 어떤 사람인지 금방 알 수 있습니다. 잡풀 하나 없이 깔끔하게 작물을 키우는 사람이 있는가 하면, 풀이 하도 무성해서 뭘 심었는지 분간이 안 되게 해놓는 사람도 있습니다. 밭은 농부의 손길이 얼마나 자주, 얼마나 정성스럽게 닿았느냐에 따라 달라집니다.

"어이구, 저 밭 꼬라지 보게."

농사꾼들은 남의 밭을 지나칠 때도 그냥 가지 않고 한 마디씩 합니다. 부지런한 농부는 존경을 받고 게으른 농부는 흉을 잡힙니다. 부지런한 농부는 텃밭을 지으나 7천 평을 지으나 2만 평을 지으나 동일하게 깔끔합니다. 그런 분들의 밭에선 매년 수확이 늘어납니다. 다섯 달란트 맡은 종이 열심히 일을 해서 다섯 달란트의 이윤을 남기고, 주인으로부터 더 많은 것을 네게 맡긴다는 칭찬까지 듣는 것과 같습니다.

농사는 하려고 하면 손 갈 게 한이 없지만 안 하려고 하면 마냥 게으름을 부릴 수 있는 일입니다. 교회 일도 똑같습니다. 봉사나 전도도 하려고 하면 끝이 없지만 안 하려고 하면 얼마든지 안 할 수도 있습니다.

부지런한 성도들은 부지런한 농부 같아서 맡은 일을 깔끔하게 해냅니다. 부지런한 구역장들은 구역 식구들을 잘 돌봐서 속이 꽉 찬

배추들 같지요. 게으른 구역장의 밭은 너저분합니다. 잡초가 무성해서 작물이 제대로 자라지 못하고 그런 밭일수록 벌레들이 꼬입니다.

부지런히 전도하는 성도들은 매년 전도를 더 잘합니다. 추수할 때 부지런한 농부에게는 두둑한 현찰이 들어올 것입니다. 부지런한 성도에게는 하나님께서 정하신 축복이 돌아올 것입니다. 그 축복은 보이는 것도 있고 보이지 않는 것도 있습니다. 저는 보이지 않는 축복이 더 귀한 것이라고 확신합니다. 하여튼 모든 수고에는 반드시 이익이 있다고 했습니다. 잠 14:23

거름을 잘 줍니다

농사를 잘 지으시는 분들을 보면서 저는 전도의 네 번째 비결을 배웁니다.

좋은 농부는 거름을 잘 줍니다. 30배, 60배, 100배의 열매를 맺는 좋은 밭은 여기서부터 시작하지요. 겨우내 묵은 밭을 갈아엎을 때, 우분이나 계분으로 만든 거름을 주고 잘 뒤집어줘야 합니다. 잘 썩힌 거름은 미생물이 풍부합니다. 메마른 땅에 영양분을 공급해서 작물이 튼튼하고 맛도 좋습니다. 저는 발효가 잘된 거무튀튀한 거름을 볼 때마다 좋은 그리스도인들이 연상됩니다. 척박한 땅 위에 뿌려져 밭을 기름지게 만들기 때문이지요.

거름끼리 뭉쳐 있으면 아무 일도 일어나지 않습니다. 우리 그리스도인들끼리만 모여서 사귀고 우리끼리만 좋아하면 역사가 일어나지 않습니다. 메마른 밭에 뿌려지듯 세상에 뿌려져야 합니다. 믿지 않는 사람들, 기독교라면 잘 알지도 못하면서 입에 거품을 물고 달려드는 사람들 사이에도 가야 하고, 잘못하면 죽을 수도 있는 곳에도 들어가야 합니다. 고난이 따라올 것입니다. 그러나 그런 곳으로 가야 살아계신 하나님을 만날 수 있다는 것도 틀림없습니다.

전도도 하나님을 만난 체험이 있는 분들이 잘합니다. 하나님께 연단을 받아 뻣뻣하던 목과 무릎이 꺾이고 눈물과 뜨거운 기도로 퇴비처럼 푹 삭혀졌기 때문입니다. 덜 삭아서 열이 펄펄 날 때는 조심해야 합니다. 잘못하다가 작물에 해가 될 수도 있습니다.

전도를 잘 하려면 평소에 어느 곳에 있든지 선한 행실과 자기희생을 뿌려야 합니다. 밑거름이 되는 것이지요. 겸손해서 구수한 거름 냄새가 나야 합니다. 이런 것 없이 전도를 잘 하는 사람을 본 적이 없습니다.

눈물로
씨를 뿌립니다

농사를 몰랐을 땐 시편 126편의 말씀을 이해하지 못했습니다.

"눈물을 흘리며 씨를 뿌리는 자는 기쁨으로 거두리로다 울며 씨

를 뿌리러 나가는 자는 반드시 기쁨으로 그 곡식 단을 가지고 돌아 오리로다."시 126:5-6

씨 뿌리는 일이 그렇게 힘든 줄 몰랐던 것이지요. 왜 농부가 눈물을 흘리며 씨를 뿌려야 할까요? 그 이유는 두 가지입니다.

첫째, 육체적으로 힘들기 때문입니다.

거름을 골고루 뿌린 밭은 평평하게 로터리 작업을 하고 이랑을 만듭니다. 두둑이 높아야 열매도 잘 달리고 수확하기도 편하지요. 요즘은 기계를 많이 이용합니다만, 제가 사는 지역은 산비탈에 밭이 있어 기계가 올라갈 수 없는 곳이 많습니다. 소나 사람 손으로 해야 하는데, 소도 한눈 팔면 굴러 떨어진다고 하지요. 퇴비를 지게로 져 나르기도 합니다. 저도 처음 비료부대를 등에 지고 산비탈을 올라가다가 뒤로 굴러 크게 다친 적이 있습니다.

밭 모양이 잡히면 그 위에 잡초를 방지하기 위해 검은 비닐을 덮고 딱따구리라고 하는 기계로 구멍을 냅니다. 그 구멍 안에 감자농사를 지으려면 재를 묻힌 씨감자 토막을, 배추농사를 하려면 배추 모종을, 고추를 심으려면 고추 모종을 넣습니다. 모두 허리를 굽히고 하는 작업이라 허리가 끊어질 듯 아픕니다. 코에서 단내가 밀려 나오지요.

"우리 영감탱이는 구멍 하나에 감재를 서너 개씩 넣구 덮어버려. 일하기 싫어서."

우리 교회 할머니 집사님은 게으른 남편 흉을 보지만 저도 그러고 싶을 정도로 힘이 듭니다. 그러나 땅은 정직합니다. 요령을 부리면 그 대가를 치르게 됩니다. 제 기억으로는 요령이 좋아서 전도가 성공한 적이 없습니다. 전도는 미련하게, 끈기 있게, 정직하게 해야 합니다.

눈물을 흘리면서 씨를 뿌리는 또 다른 이유는 결과가 불확실하기 때문입니다.

농사도 수익을 내야 하기 때문에 무엇을 심어야 돈이 될 것인가 정말 머리에 쥐가 나도록 고민을 합니다. 퇴비도 사야 하고, 기계도 움직여야 하고, 종자 값도 있어야 하고, 사람도 사야 하는데 그게 다 밑천이 필요합니다.

정부 정책에도 문제가 있습니다. 농산물 값이 조금이라도 오르면 수입을 해서 값을 떨어뜨립니다. 왜 배추와 무는 10년 전이나 지금이나 천 원이어야 하는 것일까요? 비료 값도 두 배가 오르고 인건비도 하루에 6-7만 원씩 하는데, 농산물만 같은 가격으로 묶어놓으면 농부들은 어떻게 돈을 벌 수 있을지 모르겠습니다.

한때 나라에서 하라는 것 딱 반대로 하면 돈을 번다는 말이 떠돌았습니다. 왜냐하면 그 말대로 하다가는 수확할 때 가격이 폭락하기 쉽기 때문이지요. 우리 동네만 해도 농협에 빚이 없는 사람이 없습니다. 가을이 되면 동강 마을 어귀에 붙어 있던 섬뜩한 내용의 플래카드가 생각납니다.

"가을이 되었구나. 이제 우린 죽었구나."

농사는 무엇보다 날씨가 도와줘야 합니다. 농사를 짓다보면 사람이 할 수 있는 일이 천만 분의 일도 못 된다는 걸 알게 됩니다. 오죽하면 "농사는 하늘과 동업을 해야 한다"는 말이 다 있을까요.

"올해 고추 재미 좀 봤나?"

"일찌감치 엎어버렸어."

"그럼 배추 심게?"

"작년에 배추 파동이 있었는데 올해는 어떻게 될라나?"

"이번에 비가 많이 와서 고추농사 망하는 바람에 배추들을 많이 심었다는데 이러다가 또 가격 폭락하는 거 아니야?"

"벌써 몇 년째야? 잘못하면 또 모종 값만 물어주고 다 갈아엎을까 무섭네."

"심을 수도 없구, 안 심을 수도 없구."

"하늘이 도와줘야지."

결론은 하나님이 도와주셔야 합니다.

전도도 마찬가지입니다. 누구에게 전할까, 어떻게 전할까 고민이 많이 됩니다. 시간도 들여야 하고 돈도 듭니다. 눈물로 기도도 해야 합니다. 하지만 그 결과가 다 만족스러운 것은 아닙니다. 어느 땐 전도하다가 인간관계가 틀어지기도 합니다. 농사나 전도나 모두 애쓰고 힘이 들지만 얼마나 수확할 수 있을지는 아무도 모릅니다.

그렇다고 손을 놓고 있을 수는 없습니다. 불확실하다는 것이 꼭 부정적인 것만은 아니기 때문입니다. 결과를 알 수 없다는 것뿐이지요. 하나님의 은혜로 더 좋은 것이 얼마든지 나올 수 있습니다.

결과는 하나님께 맡기고 농부는 울면서 씨를 뿌리러 나가야 하고, 전도자도 눈물로 복음을 전해야만 합니다.

인내합니다

"작물은 농부의 발자국 소리를 듣고 자란다"라는 말이 있습니다. 진실입니다. 농부가 얼마나 자주 밭에 드나드는지 작물은 알고 있다는 것이지요.

눈물로 씨를 뿌린 다음 농부들은 잡초와 병충해와 끝없는 싸움을 벌여야 합니다. 비닐로 덮어주고 나무 조각을 뿌려주고 새벽부터 김도 매주지만 돌아서면 어느 틈에 또 잡초들이 솟아납니다.

잡초의 생명력은 경이롭기까지 합니다. 작물보다 더 빠르게, 더 크게, 더 질기게 자랍니다. 씨도 더 일찍 맺습니다. 풀씨는 10년이 지나도 또 살아납니다. 속도나 힘으로 봐서 작물들이 이겨낼 수 없을 것 같습니다.

병충해는 또 얼마나 무섭습니까? 한번 마을을 쓸고 가면 버틸 작물들이 없습니다. 지난 여름 탄저병으로 허옇게 다 말라죽은 고추밭을 보면서 왜 하나님은 사람에게 유익한 작물들은 이렇게 약하게 만

▲ 부지런한 박종순·김순희 부부(유영자 할머니의 큰아들 내외)

왜 하나님은 사람에게 유익한 작물들은 이렇게 약하게 만드셨을까 원망이 들 때도 있었습니다.
그러나 결론은 "잡초는 알곡을 이길 수 없다"입니다.
알곡 자체는 약하지만, 그것을 목숨 걸고 돌보는 농부가 있기 때문이지요.

드셨을까 원망이 들 때도 있었습니다. "왜 선한 사람이 고통을 당하는가?" 하는 오래된 질문과 맥을 같이 하는 원망이지요.

그러나 결론은 "잡초는 알곡을 이길 수 없다"입니다. 알곡 자체는 약하지만, 그것을 목숨 걸고 돌보는 농부가 있기 때문이지요.

.

유기농, 무농약으로 농사를 지으면 더욱 힘이 듭니다. 일일이 손으로 풀을 뽑고 벌레를 잡아줘야 합니다. 어느 땐 제초제와 농약을 쓰고 싶은 유혹을 느끼기도 합니다. 그러나 한 입만 마셔도 죽음에 이르는 그 독한 제초제와 머릿속에 포도알 같은 종양을 일으키는 농약을 뿌리지 않는 농부들은 자기가 지은 농산물을 먹을 이웃과 자신의 건강을 위해 그것을 쓰지 않겠다는 신념을 가지고 있습니다. 그러기에 힘들어도 참고 이겨나가는 것입니다.

처음 동강지역에 들어와 농사일을 도울 때, 한창 힘쓸 나이인 저보다 연로하신 할아버지 할머니들이 훨씬 일을 잘하시는 것을 보고 감탄한 적이 많았습니다. 새벽 동트기 전에 밭에 나와 쉬지 않고 일을 하시다가 점심 무렵 삶은 감자나 옥수수, 밥과 밭에서 딴 풋고추를 된장에 찍어 먹는 것으로 끼니를 때우고 또 일을 하십니다. 학교도 50분 수업에 10분 쉬는 시간을 주는데, 노인들은 쪼그리고 앉아서 조금도 손을 쉬지 않습니다.

다른 작물에 비해 고추농사는 기계로 할 수 있는 일이 거의 없습니다. 고추 모를 심고, 대를 세우고, 고추가 자라는 대로 하나씩 묶어줘야 하는데 수확할 때까지 적어도 서너 번은 그 작업을 해야 하지요. 고추는 초물 고추부터 끝물까지 다섯 번 정도 딸 수 있는데 허리를 굽히고 일일이 따야 합니다. 왜 시골 할머니들이 그렇게 허리가 굽으셨는지 알 것 같습니다.

할아버지 할머니는 그 일을 다 하고 해가 뉘엿뉘엿 기울었을 때야 몸을 일으켜 집으로 돌아가시지요. 청년인 제가 못 견디고 도중에 두 손 바짝 들고 도망 나온 적도 있었으니까요.

"시골 가서 농사나 지어야겠다."

도시에 사는 사람들은 일이 잘 안 풀리면 쉽게 이 말을 합니다.

저는 속으로 웃습니다.

'농부가 농사 짓듯 애를 쓰면 세상에서 성공 못할 사람이 없거든요.'

그만큼 농사는 힘이 듭니다. 머리도 써야 하고 체력도 좋아야 하고 정직해야 하고 무엇보다 인내심이 있어야 합니다.

전도를 하다보면 사탄이 얼마나 전도를 방해하는지 알 수 있습니다. 마을 사람들을 겨우 전도해서 예배를 같이 드리게 되었는데 다른 해보다 농사가 더 안 될 때도 있습니다.

제가 사랑하는 젊은 이장님은 그렇게 애쓰는데도 농사가 잘 안 됩니다. 도시에서 직장생활을 하다가 들어왔는데 아직 내공이 모자라서인지 아니면 밭의 위치가 안 좋아서인지 모르겠습니다. 이장님은 그것이 낙심이 되어 교회 출석도 자주 빼먹습니다. 그 분의 밭 옆을 지나다닐 때마다 제 마음이 더 미어집니다. 병충해에 시달리는 작물을 바라보는 농부의 마음이지요.

"하나님, 이 밭주인을 부디 축복해주세요. 주님을 잘 믿을 수 있는 젊은 일꾼입니다. 이 고난만 보지 말고 그 뒤에 따라오는 축복을 보게 해주세요. 믿음의 인내로 견디게 해주세요. 편찮으신 부모님과 아내와 아이들을 책임질 수 있을 만큼이라도 돈을 벌게 해주세요."

저는 밭을 바라보며 간절하게 기도합니다. 사람은 자기 자신이 견뎌내야 하는 몫이 있습니다. 그 단계를 통과하지 않고는 다음 단계에 이를 수 없는 것이지요.

차 없이 오지로 전도를 다닐 때는 대중교통을 이용했습니다. 아무리 기다려도 오지 않는 버스를 포기하고 걷다보면 어느새 버스가 휙 지나가버립니다.

"조금만 더 기다릴걸."

기다리고 기다리다가 포기하고 싶은 순간이 바로 버스가 곧 오는 시점입니다. 하나님의 축복도 그런 것인가 봅니다.

목사인 제가 할 수 있는 것은 젊은 이장님을 위해 기도하면서 기다리는 것입니다. 그 분은 제게 어린 모종과 같습니다.

성도들의 병 낫기를 축원했는데 오히려 몸이 더 아플 때도 있습니다. 그러면 목사가 면목이 없지요. 농촌에는 병든 어르신들이 많은데 안수만 하면 환자들이 벌떡벌떡 일어나는 신유의 은사가 있다면 얼마나 좋겠습니까만, 하나님은 제게는 그런 능력을 허락하지 않으셨습니다.

"왜 이렇게 아픈가요?"

다리가 아파서 교회에 나오지 못하시는 할머님이 묻습니다.

"인간은 육신이 있어서 천국 갈 때까지 아픕니다."

"기도하면 병이 낫는다고 하더니 왜 난 안 고쳐주시나요?"

"하나님이 고쳐주시는 병도 있고 고쳐주시지 않는 병도 있어요. 목사인 저도 고혈압 약을 20년 동안 먹고 있잖아요."

저는 할머니의 아픈 다리에 손을 얹고 기도를 해드립니다. 병을 고치시는 분은 예수님이니까 그 '빽'만 믿고 안수합니다.

어느 땐 더러운 영들이 훼방을 놓을 때도 있습니다.

굴암리에서 만나 전도를 한 할머니는 제가 가면 어느 날은 옷도 깨끗하게 입고 상 위에 성경책도 올려놓고 저를 맞이합니다. 그러나 어떤 날은 제 모습이 멀리서 보이기만 해도 어디론가 도망가서 숨어버립니다. 이유는 간단합니다.

"전도사 왔다 가면 그날은 꿈자리가 사나워요. 돌아간 시아재까지 나타나갔구는 제사는 우짤라고 형수씨가 예수를 믿냐고 들들 볶아대. 밤이면 난데없이 호랑이, 늑대 울음소리가 들려요. 그러니까 이제 그만 좀 오셔."

그럴수록 저는 더 열심히 찾아갑니다. 사탄보다 더 자주 찾아가면 제가 이기는 것이니까요.

교회에 처음 등록한 어린 성도는 전도자가 3개월 이상은 돌보는 것이 좋습니다. 교회 정착은 제2의 전도입니다. 교회에서 전도상을 줄 때, 새신자들을 잘 정착시킨 분들에게도 잊지 말고 상을 주어야 합니다.

전도자는 토요일쯤 전도 받은 사람에게 전화를 걸어 그동안 별일 없었는지, 주일 예배에 참석할 수 있는지 챙겨주어야 합니다. 처음 교회에 나올 때 특히나 사탄의 방해가 많습니다. 예배에 출석하지 못할 피치 못할 일들이 일어나게 하지요. 그럴 때 옆에서 격려하고 함께 기도해줘야 합니다. 처음부터 몰아세워서는 안 되고, 새신자 스스로 하나하나 극복하도록 돕는 것이 중요합니다. 수고하는 농부처럼 진득하고 변함없이 오래 기다릴 작정을 해야 합니다.

셀 리더나 구역장, 전도회 회장과 반드시 개인적으로 만나게 해주는 것도 중요합니다. 이 분들이야말로 교회의 영적 소대장이며 모세혈관과 같은 존재입니다. 이 분들이 새로운 신자들을 자기 밭의 어린 작물처럼 돌봐준다면 새신자들은 훌륭하게 교회에 정착하게 될 것입니다.

저도 토요일에 성도들의 집을 두루 방문합니다. 찾아가는 서비스입니다. 편찮으신 데는 없는지, 도와드릴 일은 없는지 살펴보는 것이지요. 보통 몇몇 성도들은 다음 날 예배에 못 나온다고 합니다. 소가 새끼를 낳아서, 농사일이 바빠서, 결혼식에 가야 하기 때문에, 아니면 믿지 않는 자녀들이 와서는 교회에 못 가게 압력을 넣어서 그렇다고 하지요. 그러면 강요는 안 합니다만 이렇게 말씀드립니다.

"정 못 오시면 전화하세요. 그래도 웬만하면 준비하고 기다리세요. 제가 내일 아침에 모시러 오겠습니다."

예배에 참석 못할 정도로 '중요한 일' 같아도 마음이 예배를 향하면 '아무것도 아닌 일'로 바뀝니다. 그 다음에는 진심으로 예배를 사랑하게 됩니다.

끝이 없을 것 같은 잡초 제거와 병충해도 인내로 버티면, 어느 날 작물이 뿌리를 단단하게 내리고 스스로 병충해를 이길 힘을 갖는 것을 보게 됩니다. 속이 단단하고 노랗게 차가는 배추 한 포기, 허벅지만 한 무 하나, 쫄깃한 강원도 옥수수 한 자루, 달콤한 쪽빛 블루베리 한 알. 너무 귀해 만져보기도 아깝습니다. 그 안에 얼마나 많은 농부들의 땀과 기도가 들어 있는지 알기 때문이지요.

내가 전도한 사람이 주님을 영접할 뿐만 아니라 주님 안에서 믿음으로 성숙해가는 걸 보는 것은 또 얼마나 기쁘겠습니까?

하나님께
맡깁니다

우리 동네는 4년 전부터 블루베리 농사를 짓고 있습니다. 4만 5천 주의 묘목과 제반 경비 일체를 회사가 대고, 농가는 토지와 노동력을 제공하되 열매는 회사에서 전량 수매해서 판매수익금을 5대 5로 나누는 좋은 조건입니다. 물론 무농약, 유기농 재배입니다.

처음에는 5개 농가로 작목반을 시작했지만 지금은 7개로 늘었습니다. 블루베리를 심고 2년이 지난 지난해에는 수확이 꽤 좋았습니다. 정말 죽기 살기로 나무를 돌본 신연오 집사님 같은 분들은 오랜만에 현금다운 현금을 만질 수 있었습니다.

그러나 더 많은 수확이 기대되던 올해는 늦은 서리로 인한 냉해와 너무 많이 온 비 때문에 실패를 맛보았습니다. 꽃이 필 때도 비가 와서 수정이 안 된 탓에 열매가 많이 맺히지 못했습니다. 거기에 수확기에도 강물이 불어 다리가 잠기는 바람에 블루베리를 운반할 수 없어 생과를 제때 내다 팔 수도 없었습니다. 회사도 큰 손해를 봤고 농부들도 힘이 빠졌습니다.

이 일을 기획한 저 역시 밤에 잠을 잘 수 없었습니다. 밤에 벌떡 일어나 예배당에서 울부짖으면서 기도를 했습니다. 그래도 실패는 실패였습니다.

제가 동강에 들어와 가장 안타까웠던 것은 농가 부채였습니다. 농촌의 본질적인 고통은 농산물의 제값을 받을 수 없다는 데 있습니다. 수익을 위해선 복합영농을 해야 합니다. 봄배추, 감자, 옥수수, 고추, 김장배추와 무 등을 돌아가면서 수확하는 것이지요.

그러나 일손도 없고 연로한 농부들이 이를 감당하기가 힘듭니다. 그래서 보통은 한 가지 작물에 올인하게 됩니다. 무와 배추가 대표

농사꾼이 밭을 외면해서야 무엇을 얻겠습니까? 하나님은 전도하는 모든 과정 속에서 우리를 지켜보십니다. 지켜보실 뿐만 아니라 은혜를 베푸십니다. 사실상 이 모든 일이 그분의 일이니까요.

❶ 외지에서 귀농한 후 블루베리를 경작하며 열심히 농촌에 적응해가는 신연오 집사님
❷ 블루베리 농장 제초 작업
❸ 교회 옆 비닐하우스에서 블루베리 포장을 하는 주민들과 단기선교팀

적이지요. 제가 사는 곳은 강원도 산골이라 고랭지 채소가 잘 됩니다. 밤과 낮의 일교차가 커서 단단하고 맛이 좋습니다. 그러나 값이 폭락하면 농가 부채만 확 늘어나게 되고 말지요. 다음 농사 역시 빚으로 시작합니다. 악순환이지요. 저희 동네에도 한 가구당 적어도 5천만 원 이상의 빚이 있습니다. 이것이 안타까워 블루베리 위탁영농을 주선한 것이었는데, 1년 동안 잡초 뽑고 퇴비 주고 벌레를 잡느라 애를 쓴 분들에게 정말 미안했습니다.

"목사님, 괜찮습니다. 내년에 잘 되면 되지요 뭐."

"블루베리 한 번 심으면 70년 살잖아요. 그 안에 빵 터질 날 있어요. 그러니 낙심 마세요."

농부들이 도리어 목사인 저를 위로해주었습니다.

농사를 짓는 분들에게는 기본적으로 절대자에 대한 신앙이 있습니다. 인간의 힘으로 될 수 없는 일이 많다는 것을 경험했기 때문에 어쩔 수 없는 일에 대해서는 얼른 마음을 비웁니다.

2002년과 2003년에 태풍 루사와 매미가 연이어 강타하는 바람에 동강이 크게 범람한 적이 있습니다. 밭작물들은 다 비에 잠기고 우리 동네 7-8개의 집이 완전히 쓸려가버리고 말았습니다. 제가 그동안 써놓은 일기장들과 책들도 모두 사라졌습니다. 저는 심란하기 그지없는데 그 와중에 도랑에서 고기를 잡고 있는 마을 분도 있었습니다.

"하늘 탓하구 앉아 있음 뭐합니까? 고기라도 잡아서 끓여먹어야지요."

할머니 한 분은 기르던 염소가 물에 빠져 죽자 고기를 삶아서 가져오시기도 했습니다.

"이왕 죽은 거 살려낼 수도 없으니 나눠 먹기라도 해야지."

그 분들의 낙천성에 저도 웃음이 나왔습니다. 저는 원래 성격이 급하고 불 같은 데가 있는 사람입니다. 초조하면 잠도 잘 못 잡니다. 그런데 비참한 상황도 여유 있게 받아들이시는 그 분들은 얼마나 훌륭한가요. 무화과나무가 무성치 못하고, 포도나무에 열매가 없고, 감람나무에 소출이 없고, 밭에는 식물이 없고, 우리에 양이 없고, 외양간에 소가 없어도 하나님을 인하여 즐거워하는 것이 이와 같지 않을까요. 저도 정신을 차리고 교회가 할 수 있는 일들을 찾아 나섰습니다. 구호물자를 나르고 도시교회 청년 봉사팀을 동원해서 복구하는 일을 도왔습니다.

기쁜 일도, 슬픈 일도 다 하나님께 맡겨버리면 기적이 일어나기도 합니다.

미국 남가주안디옥교회에서 시무하시는 추영욱 목사님의 설교를 들은 적이 있습니다. 목사님은 생후 얼마 안 되어 아버님이 돌아가시고, 어머님이 재가를 하시는 바람에 숙부님 밑에서 자라게 되었습니다. 숙부님은 신앙이 좋았습니다. 그 옛날 가나안농군학교에 가서 훈련을 받았는데 그곳에서 좋은 볍씨를 얻어 오셨습니다. 숙부님은 그 볍씨를 논에 심었습니다. 벼는 쑥쑥 자랐습니다. 다른 집보다 두 배는 빨리 컸습니다.

가을이 되었습니다. 다른 벼들은 알곡을 맺어 고개를 축축 늘어뜨리는데, 숙부님의 벼는 키만 가슴까지 자랐지 여물지 못했습니다. 새벽예배를 드리고 식구들이 모두 논에 엎드려 기도를 했습니다.

"하나님, 예수쟁이 논에 알곡이 맺히지 못하면 사람들이 얼마나 흉을 잡겠습니까? 하나님께 영광이 되지 않습니다. 부디 결실하게 해주시옵소서."

기적은 일어나지 않았습니다. 벼는 끝까지 이삭을 내지 못했습니다. 그해 벼농사는 완전히 망하고 말았습니다. 숙부님은 그 벼를 모두 베어버렸습니다. 나중에 알고보니 그 볍씨는 더운 지방에서 자라는 품종이었습니다.

숙부님은 그 자리에 김장배추를 심었습니다. 마침 그해 가을에 전국적으로 물난리가 났습니다. 배추들이 다 물에 녹았습니다. 그러나 숙부님의 배추밭은 높은 곳에 있어서 수해를 피했습니다. 배추가 있다는 소문을 듣고 장사꾼들이 몰려왔습니다. 숙부님은 그 배추를 비싸게 팔았습니다. 그 값은 10년 동안 농사를 지어야 벌 수 있는 큰돈이었습니다.

전도가 결코 쉽지 않다는 건 누구나 하는 얘깁니다. 그게 사실입니다. 그래도 우리는 한가닥 기대를 품고 전도를 시작합니다. 그런데 오랜 시간을 들이고 수고를 아끼지 않았는데도 결과가 신통치 않다면 어쩌시겠습니까? 너무도 큰 실패를 경험하거나 큰 낙심이 찾아온다면 포기하시겠습니까? 포기하면 아무것도 얻지 못합니다.

농사꾼이 밭을 외면해서야 무엇을 얻겠습니까? 하나님은 전도하는 모든 과정 속에서 우리를 지켜보십니다. 지켜보실 뿐만 아니라 은혜를 베푸십니다. 사실상 이 모든 일이 그분의 일이니까요. 부지런한 농부처럼 수고하며 인내합시다. 열매는 주님이 정하신 시간에 주님이 거두실 것입니다.

섬김의 전도 비결 **4**

부지런한 농부처럼 수고하라!

언제 어디서든 선한 행실과 자기희생의 밑거름을 뿌려라.
농부가 눈물로 씨 뿌리고 가꾸고 기다리듯
전도도 미련하게, 끈기 있게, 정직하게 한 후
주님의 때를 기다리는 것이다.

이충석 목사가 귀띔해주는
전도 비결 5

영적 우월감을 버려라

농촌으로 전도행사를 오거나 바쁜 일손을 도우러 농활 오는 분들이 종종 '도와준다' 혹은 '계몽한다'라는 말을 합니다. 이런 구호나 표현 속에는 보이지 않는 영적 우월감이 담겨 있을 때가 많습니다. 전도훈련을 아주 '빡 쎄게' 받고 오는 분들이 이렇게 구호를 외치기도 합니다.

"성령의 놀라운 역사로 이 마을을 확 변화시키자."

이런 말을 들으면 저는 덜컥 겁부터 납니다.

예전에 도시의 어느 교회 전도특공대가 우리 마을에 다녀간 적이 있습니다. 권사, 집사, 청년들로 구성된 30명이 네댓 명씩 팀을 짜서 마을을 돌아다녔습니다. 첫날부터 결신자카드 몇 장을 제게 가져다주었습니다.

"목사님, 이 분들 다 교회 다니기로 하셨으니까 다음 주부터 모시러 가세요."

고맙게 받았습니다. 명단을 보니 여러 번 봤던 이름들이었습니다. 전도팀들이 오면 손님 대접하느라고 주민들이 그냥 인사로 써준 것이었지요.

일이 있어 잠시 서울로 올라온 사이, 교회를 지키시던 제 어머님으로부터 다급한 전화가 왔습니다.

"이 목사, 빨리 내려와야 되겠다. 여기 큰일 났다. 누가 밖에서 목사 나오라고 소리 지르고 펄펄 뛴다. 교회 다 불 태워버린다고."

알고보니 전도특공대가 축호전도를 다니다가 혼자 사시는 어느 할머니 댁에 들어갔던 모양입니다. 아주 작정을 하고 한 시간 동안 5명이 할머니를 붙들고 열렬하게 기도하고 찬송하고 권유해서 영접기도까지 하게 했습니다. 드디어 양 한 마리를 구했다는 기쁨에 전도팀은 더 확실하게 마무리를 지으려고 했겠지요. 할머니 집 벽에 붙어 있던 부적을 다 떼어냈습니다. 탁자 위에 있던 집안의 오래된 유물인 염주까지 마당으로 갖고 나와 불에 태웠습니다.

"할머니, 이런 거 다 귀신이고 우상이에요."

할머니는 말씀도 못 하시고 벌벌 떨고만 서계셨다고 합니다. 할머니의 아들이 이 얘길 듣고 교회로 쳐들어온 것입니다.

"여보쇼, 내가 댁하고 신앙이 다르다고 당신 교회를 불질러버리면 좋겠소?"

할 말이 없었습니다. 제가 백배사죄했지만, 결국 그 분들을 전도할 기회는 닫혀버리고 말았습니다.

우리 동네에 선교하러 온다는 팀들이 있으면 제가 미리 교육을 합니다.

"이곳은 거의 모든 집에 북어대가리가 달려 있고 부적들이 있습니다. 거기에 손대지 마세요. 그 분들 스스로 부적을 떼고 북어대가리를 내다버려야만 그게 신앙입니다. 여러분이 대신 떼주는 거 아무 소용없습니다. 그리고 할머니들 강제로 영접기도 시키지 말아주세요. 그냥 할머니들 말씀을 들어주시든가 시키는 일만 도와주세요."

마지막에 꼭 한 마디 덧붙이는 말이 있습니다.

"그리고 제발 지키지 못할 약속은 하지 마세요."

고추 따기 봉사를 하러 온 여집사님에게 동네 할머니 한 분이 하소연을 했습니다.

"고추 잔뜩 심었는데 우찌 다 팔까 걱정이 많소."

마음이 따뜻한 여집사님이 약속했습니다.

"할머니, 우리 교회가 커서 교인이 많아요. 김장하려면 한 집에 열 근 이상은 필요할 거예요. 딴 데 팔지 말고 기다리세요. 제가 좋은 값에 팔아드릴게요."

문제는 할머니가 그 약속을 철석같이 믿었다는 것이고, 여집사님은 차를 타고 동강을 떠나는 순간 그 약속을 싹 잊어버렸다는 데 있었습니다.

할머니는 여집사님의 연락을 기다렸지만 아무 소식이 없었습니다. 할머니가 교회에 와서 항의를 하셨습니다.

"우타 교회가 약속을 안 지키나. 내가 농협 수매 놓치고 상인도 다 놓치고 교회만 기대렸는데. 이제 내가 큰 낭패 보게 생겼다."

제가 그 교회에 연락을 했지만 아무도 이 일을 기억하는 사람이 없었습니다. 대신 제 신학교 동기들이 고추의 매운 맛을 봐야 했습니다. 제가 100근씩 강매를 해서 할머니께 고추 값을 맞춰드려야 했습니다. 그 여집사님은 할머니를 도와드리고 싶다는 선한 뜻에서 약속을 했을 것입니다. 하지만 할머니가 그 약속을 끝까지 기억할 줄은 몰랐을 겁니다. 지키지 못할 약속은 잘못하면 잠언의 말씀처럼 "거짓 자랑"이 되는 것이지요.

또 한번은 어떤 분이 배추를 팔아드리겠다고 약속을 해놓고는 지키지 않아서 제가 그 배추를 몽땅 사서 땅에 묻어버린 적도 있습니다. 파는 시기를 놓쳤기 때문이지요.

전도할 때 이것저것 약속을 하는 분들이 있습니다. 이것도 상대방을 배려하지 못하는 우월감에서 나오는 것입니다.

"우리 목사님 발이 넓어서 사업에 도움이 될 거예요."

"우리 여전도회에서 단체구입 많이 하거든요. 교회 나오시면 제가 연결해드릴게요."

❶ 동강교회를 개척하기 전에 사역했던
운치교회와 주변 마을 전경
❷ 운치교회에 선교지원 온 청년들이
풀을 뽑고 있다.
❸ 선교사역하러 온 청년들과 함께한
은혜로운 저녁 집회
❹ 운치교회

전도도 그렇습니다.
가르치는 것이 아니라
예수님처럼 섬기는 것이
정답입니다. 예수님은
당시 사회에서 외면당하고
멸시 받던 사람들을
죄인으로 대하지 않고
잃어버린 자로
대하셨습니다.

확신할 수 없는 일은 약속하지 말 것이고 일단 말을 했으면 꼭 지켜야 합니다.

얼마 전, 대형 교회에서 천 명이 넘는 청년들이 나와 근처 도시를 싹 쓸고 간 적이 있습니다. 예수님을 전하는 것이 아니라 무슨 프로젝트 아니면 이벤트성 행사 같았습니다. 그곳에 사는 주민들이 무얼 원하는지, 어떤 생각을 갖고 있는지, 어떤 문화를 갖고 있는지는 염두에 두지 않고 '자기들 식'으로 융단폭격을 가한 것이지요.

예수님의 사랑으로 이 먼 곳까지 왔겠지만 배려가 부족했습니다. 정신만 사나웠지 성과는 없었습니다. 해외선교도 많이 나간다는데 그런 식으로 하면 앞으로 문제가 될 것 같다는 염려가 들었습니다.

애초에 전도하러 온 사흘 혹은 일주일 만에 영혼을 구하겠다는 것 자체가 오만한 생각입니다. 전도는 대형 쇼나 행사가 아닙니다. 전도는 일생을 걸어야 하는 일입니다.

예의와 염치를 알기에 사랑받는 전도

일반 대학생 농활팀들이 농촌봉사하러 온 적이 있었습니다. 밤이면 웬 술들을 그렇게 마시는지 숙소 밖에는 술병들이 그득했습니다. 운동권에 속한 학생들이 한 번 왔다 가면 태풍이 휩쓸고 지나간 것 같았습니다.

"아이고야, 그 학생들 저지레를 치고 댕겨 골이 다 띵하다."

농촌 분들이 많이 배우지 못하고 천성이 순하지만 노골적으로 가르치려고 들면 속으로는 불쾌하게 생각하십니다.

"젊은 놈들이 뭐 안다고 어른을 가르치려고 들어."

전도도 그렇습니다. 가르치는 것이 아니라 예수님처럼 섬기는 것이 정답입니다. 예수님은 당시 사회에서 외면당하고 멸시 받던 사람들을 죄인으로 대하지 않고 잃어버린 자로 대하셨습니다. 그들을 정죄하고 내쫓아야 할 대상이 아니라 사랑받고 구원받아야 할 대상으로 바라보신 겁니다. 물론 먼 곳까지 와서 귀한 시간 들여 전도하는 사람들이니 일부러 그랬을 리는 없지만, 의도하지 않게 우리의 태도에서 잘못된 영적 우월감이 배어나오는 겁니다.

인천의 한 교회에서 청년 12명이 선교하러 온 적이 있습니다. 일주일 동안 의료, 미용, 침술 등의 계획을 잘 짜서 왔습니다. 그런데 마을에 도착하자마자 동네 할아버지가 돌아가셨습니다. 온 마을사람들이 다 초상난 집으로 몰려갔습니다. 전도팀들은 아무 할 일이 없었습니다. 철수를 해야 할까 아니면 다른 마을로 옮겨갈까 고민을 했습니다. 그러다가 결정했습니다. 준비해온 모든 프로그램을 접고 장례 치르는 집에 가서 일손을 돕기로 했습니다.

시골의 초상난 집에 얼마나 할 일이 많습니까? 거기에다가 문상

온 사람들이 밤새워 술 마시고 화투를 칩니다. 교회 청년들이 술상을 내가고, 설거지를 하고, 읍내에 가서 떨어진 술과 음식을 사왔습니다. 고스톱 칠 때 필요한 잔돈까지 바꿔 왔습니다. 그때는 5일장을 치렀습니다. 교회 청년들은 닷새 밤을 새워가면서 묵묵히 궂은일을 했습니다.

장례를 치른 다음 주일에 상주가 교회에 찾아왔습니다.

"교회 청년들이 일을 잘해줘서 고맙습니다. 얼굴 하나 찡그리지 않고…. 예전엔 교회 다니는 사람들 보면 어쩐지 거만하고 잘난 체하는 거 같아서 기분이 안 좋았는데, 젊은 사람들이 참 착하고 예의가 바릅니다. 이번 일로 우리 애들도 다 교회에 보내야겠다는 맘이 들었습니다."

전도팀은 전도활동을 못했지만 전도라는 소기의 목적을 달성했습니다. 비록 그 분들은 지금 다른 곳으로 이사를 갔지만 우리 동네를 방문할 때면 꼭 교회에 나오십니다.

동강교회에서 저와 함께 사역하던 정수태 전도사도 열다섯 가구가 있는 마을로 단기선교를 나갔습니다. 연포 분교에 전도캠프를 세우고 일손도 돕고 전도도 했지만 마을사람들이 얼마나 냉담한지 전혀 반응이 없었습니다. 전도 열매는 그만두고서라도 주민들과 말도 몇 마디 나누지 못할 정도였습니다.

마지막 날을 맞이했습니다. 전도팀은 처량하게 짐을 꾸리고 있었습니다. 비까지 쏟아지려는지 먹구름이 몰려왔습니다.

"성심껏 전도했으니까 그 열매는 하나님께서 거두시면 되지."

서로 위로를 했지만 마음이 무거웠습니다.

그때 한 아주머니가 다급하게 뛰어왔습니다.

"감재를 다 캐놨는데 비가 쏟아지려고 하니까 좀 도와주세요. 집에 남자들이 없어서 그래요."

밭에다 캐논 감자는 비를 맞으면 다 썩습니다. 전도팀의 청년들이 달려가서 그 감자를 경운기에 실어다가 하우스에 넣어드렸습니다. 일이 끝나자마자 장대비가 쏟아졌습니다. 아주머니는 진심으로 전도팀에게 고마워했습니다.

그 뒤 얘기는 이렇게 이어집니다. 정 전도사는 아주머니께 매주 그 집에서 예배를 드리면 어떻겠느냐고 제의했고, 아주머니는 흔쾌히 허락해주었습니다. 그로부터 5년 뒤 그 마을에는 예배당이 세워졌습니다. 덕천리교회입니다.

처음 동강지역으로 사역하러 들어갔던 때가 생각납니다. 새벽녘에 도착한 동강은 얼마나 아름다웠는지 숨이 막혔습니다. 우뚝 솟은 푸른 산 사이로 구불구불 흐르는 초록빛 맑은 강물과 흰 모래, 병풍 같은 기암절벽이 물안개에 살포시 감겨 있었습니다. 텃새인 비오리 한 쌍이 물을 차고 날아올랐습니다. 한 폭의 동양화 속으로 걸어 들어가는 것 같았습니다. 하나님의 신비로운 작품이었습니다.

그러나 그곳 사람들의 사정은 험악했습니다. 동강댐 건설을 찬성하는 주민들과 반대하는 사람들이 격렬하게 대립하던 때였습니다. 핏빛 플래카드들이 강가 오솔길이며 마을 진입로마다 매달려 바람에 펄럭이고 있었습니다. 절규에 가까운 내용들이었습니다.

댐 건설 계획이 발표되고 2000년 백지화 결정이 날 때까지 10년 동안 동강 주민들은 큰 고통을 겪었습니다. 그동안 다년생 작물재배가 금지되고, 비닐하우스와 시설물 신축과 개량도 할 수 없었습니다. 농사 자금을 빌릴 수 있는 정부지원도 막혔습니다. 보상 때문에 외지에 살던 지주들이 땅을 회수해 갔습니다. 그곳에서 농사를 짓던 사람들은 농토를 잃고 빚더미에 올라앉았습니다. 자살한 사람도 나왔습니다. 이웃과 이웃, 자녀들과 부모가 서로의 이해관계와 이익을 놓고 혈투를 벌였습니다. 돈이란 것이 참 무서웠습니다.

외부사람들과 환경단체도 몰려 왔습니다. 동강 보존에는 목소리를 높였지만 원주민들의 고통에는 귀를 기울이지 않았습니다.

"우리도 가끔 여기 놀러오면 이 좋은 곳 개발하지 말고 그냥 두자고 해. 그러나 여기 사는 사람들이 지금 얼마나 힘들게 사는지, 왜 여길 떠나고 싶어 하는지 그걸 들어줘야 할 거 아닌가."

주민들은 정책 과정에서 소외되고 많은 상처를 입었습니다. 저도 개인적으로는 동강을 살리자는 쪽이었지만, 찬성과 반대를 떠나 무조건 그 분들의 말을 들어주고 위로하자는 심정으로 사역을 시작했습니다.

복음은 선물입니다. 선물은 진심이 담겨야 감동이 있습니다.
- 마당에서 감자 전분을 말리시는 김태신 집사님

그로부터 다시 10년이 지났습니다. 그때 입은 상처들이 점점 치유되고 마을은 안정을 되찾았습니다. 처음에는 외지인이라고 마음을 주지 않던 주민들이 이제는 저를 마을사람에 끼워줍니다. 교회에 안 나오시는 분들도 길에서 저를 만나면 "내가 교회를 언젠가 꼭 가긴 가야 하는데…" 하며 괜히 미안해하십니다.

"매주 기다리고 있습니다. 더 늦기 전에 예수님 믿으세요."

언젠가는 마을 아주머니 한 분이 저에게 말을 걸어오셨습니다. 교회 안 다니시는 분이었습니다.

"목사님, 예배당 십자가에 불 일부러 끄셨어요?"

"아니요? 왜 안 들어와요?"

"마을 어딜 가든 십자가 불빛이 보이는데 그걸 보면 내 마음이 어쩐지 좋아요. 그거 보고 기도를 하거든요. 교회는 안 나가도. 근데 어제 보니 불이 안 켜졌길래 전기세 아끼려고 일부러 껐나 했지요."

십자가의 전구가 고장난 것을 제가 몰랐던 것이지요.

마을 어르신들도 연소한 저를 목사로 대우해주시고 사랑해주시고 이제는 교회를 의지하고 있습니다. 뭘 가르치려고 했던 것이 아니라 농사일 배우는 동네 청년이 되었고 전도사가 아닌 동네 머슴으로 다가갔더니 받아주신 것이지요.

복음은 선물입니다. 선물은 진심이 담겨야 감동이 있습니다. 다시 말해, 나한테 좋은 것을 주는 것이 아니라 상대방이 좋아할 만한 것을 고심해서 마련하는 것입니다. 선물을 줄 때도 예의를 잃지 말아야 합니다. 은혜라도 베풀 듯이, 불쌍히 여기듯이 한 손으로 준다면 아무리 좋은 것이라도 그 선물은 불쾌한 것이 될 뿐입니다.

  우리가 가지고 있는 복음은 최고의 선물입니다. 부디 겸손하게 전합시다.

섬 김 의 전 도 비 결   5

영적 우월감을 버려라!

전도는 대형 쇼나 행사가 아니라
일생을 걸어야 하는 일이다. 단 며칠 만에
영혼을 구하겠다는 오만한 생각을 버려라.
가르치는 게 아니라 예수님처럼 섬기는 데서 길을 찾으라.

이충석 목사가 귀띔해주는
전도 비결 6

인생을 허비하라

"전도할 때 맨입으로 하나? 집에 갈 때 뭐라도 하나 사가야지, 밥이라도 사줘야지, 돈이 너무 많이 들어."

이렇게 불평하는 성도들이 있습니다. 맞습니다. 전도는 대가를 치러야 합니다. 돈만 들겠습니까? 시간도 들여야 합니다. 발품도 팔아야 합니다. 어느 교회는 전도용품을 교회에서 제공해주기도 합니다. 그런데 이렇게 마련한 선물들은 이상하게 제값을 하지 못합니다. 전도하는 분이 자기 돈과 자기 시간과 자기 눈물을 뿌렸을 때 전도의 열매가 맺힙니다. 희생 없이는 전도를 할 수 없습니다.

교회 청년부 시절, 처음으로 농촌 봉사활동을 갔습니다. 선배들의 강권에 못 이겨 따라간 것이지요. 주위 사람들에게 걱정만 끼치며 자란 제가 봉사라는 것을 생전 처음 해보는 때였습니다. 충북 음성의 흰돌교회였습니다. 제가 다니던 동성교회 이만수 목사님의 아내 김유덕 사모님이 흰돌선교회를 통해 개척하신 교회이기도 했습니다.

마을은 고추와 담배를 주로 재배하고 있었습니다. 이 농사가 얼마나 손이 많이 가는지 몰랐습니다. 성경학교를 시작했습니다. 30명 가까운 아이들이 몰려들어 북새통을 이뤘습니다. 예배, 찬송, 율동, 게임, 거기에 인형극까지 보여주니 아이들이 너무 재미있어 했습니다. 집에 돌아갈 생각을 안 하는 애들을 겨우 등 떠밀어 보냈습니다.

다음 날 아침, 성경학교 시간이 되었는데 아이들이 어제의 절반밖에 모이지 않았습니다. 이유를 들어보니 밭에 나가서 일을 해야 하기 때문에 못 온다는 것이었습니다. 우리는 밭으로 나가 아이들을 찾았습니다. 아이들은 부모님과 함께 담배 밭에서 농약도 치고, 고춧대도 세우고, 줄 치는 작업을 하느라 땀을 흘리고 있었습니다. 일손이 부족해서 쩔쩔매는 분들에게 자녀들을 성경학교로 보내달라는 말이 도저히 나오지 않았습니다.

결론을 내렸습니다. 성경학교에는 최소한의 인원만 남기로 하고 청년들이 모두 밭으로 나갔습니다. 대신 일하던 아이들을 성경학교에 보내주는 조건이었습니다. 우리가 계획했던 일은 물거품이 된 듯했지만 그 대신 복음의 진보가 이루어졌습니다.

복음을 전하기 위해 우리가 치러야 할 대가는 아주 많습니다. 쉬운 예로, 농촌에 선교하러 왔으면 그곳 형편에 맞춰서 생활해야 합니다. 아무래도 도시보다 불편한 것이 많습니다. 밥에는 파리들이 달라붙고, 모기가 물고, 자는 곳에서 벌레가 나올 수 있고, 화장실도 수세식이 아니고, 먹을 것도 입에 맞지 않을 수 있습니다.

예전에 어떤 교회에서 선교를 온 적이 있었는데 한 차에 가득 먹을 것을 싣고 왔습니다. 세 끼니에 간식에 야참에 거의 완벽한 식단이었습니다. 도시에서 먹는 그대로 양념까지 서울에서 모든 것을 다 사가지고 온 것이지요.

서운한 마음이 들었습니다. 농촌봉사를 왔으면 현지에서 농부들이 먹는 것을 같이 먹으면 안 될까 하고요. 동강 근처는 감자도 많고, 옥수수도 맛있고, 푸성귀도 흔하고, 배추 넣고 부친 메밀전도 얼마나 맛있는지 모릅니다. 미리 말만 해놓으면 물고기를 잡아서 매운탕도 끓여먹을 수 있습니다. 아니면 풋고추를 된장에 찍어 흰밥과 함께 소박하게 먹어도 좋지 않을까요? 서울보다 비쌀지도 모르지만 현지 시장에서 장을 보면 시골 경제에도 도움을 줄 수 있을 텐데 말입니다.

농촌 분들도 금방 알아차립니다. 마음은 서로 비치는 것이니까요. 이 사람들이 진심으로 우리와 함께하려는지 알면 그만큼 마음 문을 빨리 열게 될 것입니다.

저도 처음 강원도 오지를 다닐 때 먹을 것 때문에 고생을 했습니다. 저는 잡곡밥을 좋아하지 않는데, 강원도에서는 대부분 감자와 옥수수를 넣어 밥을 짓습니다. 쌀이 귀해서 그런 것이지요. 감자가 반쯤 섞인 밥을 고봉으로 퍼주시는데 남기면 서운해하실까 봐 그것을 다 먹습니다. 속에선 받아주지 않는 감자밥을 먹으면서 '이러다 내가 전도도 하기 전에 먹다가 순교하겠구나' 하는 생각까지 들었습니다.

고심 끝에 나중에는 끼니 때를 피해 전도하러 다녔습니다. 손님에게 대접을 안 하면 서운해하시는 노인들에게는 "그냥 물 한 잔만 주세요"라고 했습니다. 그랬더니 소똥 치우던 손으로 덥석 그릇을 들고 물을 떠주시기도 하고, 파리가 똥을 까맣게 싼 행주로 쓱쓱 닦아서 주시기도 했습니다. 어느 땐 콜라를 데워서 주시기도 했습니다.

마음을 바꿔 먹었습니다. 옛날 우리나라에 들어왔던 서양 선교사들도 전도를 하기 위해 고통스럽게 양반다리를 하고 앉기도 하고, 입에 맞지 않는 보리밥도 먹고, 한센병 걸린 사람들의 고름을 빨아주기까지 했다는데 내가 못 먹고 못 만질 것이 무엇이 있겠습니까? 이젠 묻지도 따지지도 않고 다 먹습니다. 덕분에 배가 좀 나왔습니다. 복부비만이 아니라 복음비만이라고 주장하기는 합니다만.

해외선교 나갈 때도 그렇습니다. 먹을 것, 입을 것을 바리바리 싸가지고 가서는 안 됩니다. 현지인과 같이 먹고, 마시고, 자야 합니다. 고통스럽겠지만 전도하는 사람이 지켜야 할 원칙이라고 생각합니다. 예수님은 하나님의 아들이지만 육체를 입고 우리와 같이 되셨습니다. 우리와 같이 먹고, 우리와 같이 입고, 우리처럼 사셨습니다. 그것이 그분에게는 큰 희생이라는 걸 우리는 잘 알지 못합니다.

우리 아버지는 독립군

저는 처음 오지사역을 시작할 때부터 자비량 선교를 했습니다. 모교회의 전도사로 일하면서 받는 20-30만 원 정도의 사례비는 선교지역을 찾아가는 교통비와 전도한 할머니 할아버지의 약값, 라면이나 쌀, 생필품을 사다드리는 데 다 썼습니다. 모두 궁핍한 분들이었습니다.

사역비가 턱없이 모자랐습니다. 생각다 못해 장거리 뛰는 대형트럭 운전기사 보조일도 했고, 묵호항에서 오징어잡이 배를 타기도 했습니다. 거친 일을 하는 운전사들과 어부들을 전도하고 싶은 마음도 있어서 한 일이었습니다. 일당은 많이 받았지만 주일을 지킬 수 없어서 계속할 수는 없었습니다.

옷 만드는 곳에서 일한 경험을 살려 동대문, 남대문시장에서 땡처리한 옷들을 가져다가 5일장을 돌아다니면서 팔았습니다. 양계장에서 닭을 떼어다가 팔고 배추장사, 옥수수장사, 순대장사까지 했습니다. 일찍 결혼을 해서 아내와 아이들이 있었지만, 그렇게 일을 했어도 생활비를 줄 수 없었습니다.

"저것이 사람 노릇을 할 수 있을까?"

주위 사람들이 다 포기한 문제아였던 저를 구원해주신 하나님의 은혜를 생각하면, 제게 있는 것을 다 주지 못할 이유가 없습니다. 오지선교도 하나님의 인도하심을 따른 것이고, 제가 좋아서 한 일이니 저는 희생한 것도 없고 손해 본 것도 없습니다. 대가를 치렀다면 제가 남편 노릇, 아버지 노릇을 못해 아내와 아이들이 고생을 한 것이지요.

한번 오지로 들어가면 짧게는 일주일, 길면 한 달 이상 집을 떠나 있어야 했습니다. 정해놓은 목적지 없이 이곳저곳 순회하는 전도사라 아내와 같이 있을 수 없었습니다. 소식을 전할 수도, 받을 수도 없었습니다. 산골이라 전화는커녕 '삐삐'도 통하지 않는 곳이 많았습니다.

결혼 2년 후부터 떨어져 산 아내는 둘째 아이를 혼자 낳았습니다. 햇빛도 들지 않는 지하방에서 아내는 두 아이를 키우며 스스로 생계를 이어나갔습니다. 아이들이 아팠을 때도 혼자서 돌봤습니다. 이사도 1년에 서너 번씩 다녔습니다. 그나마 보증금을 다 까먹고 월세를 내지 못해 거리로 쫓겨나간 적이 두 번 있습니다. 네 식구가 누우면 꽉 차는 쪽방에 부엌만 달린 집에서 산 적도 있습니다.

아내는 할머니 때부터 기독교를 믿는 집안에서 고생을 모르고 자

❶ 사랑하는 아내와 큰아들 형철, 딸 다은과 함께
❷ 장인, 장모인 함길영 장로님, 정완순 권사님. 운치리에 내려와 이모저모로 교회 일을 도와주고 계신다.

하나님은 "먼저 그의 나라와 그의 의를 구하라.
그리하면 이 모든 것을 너희에게 더하시리라" 하신 말씀대로
저 대신 가족들을 지켜주시고 아이들을 키워주셨습니다.

랐습니다. 저와는 중곡동 동성교회에서 중학교 때부터 같이 신앙생활을 했습니다. 한 번도 목사 사모가 될 생각이 없었는데, 하나님께서 저를 불쌍히 여기어 아내의 마음을 붙드셨습니다.

아내가 전도사인 저와 결혼하겠다고 했을 때 처가 쪽에서는 좋아하지 않았습니다. 제가 사춘기를 격하게 치르느라 평판이 좋지 못했으니까요. 처가 어른들 눈에 비친 저는 고등학교 때부터 골목길에서 주먹을 휘두르고 이단 옆차기를 날리는 '뚝방전설'이었습니다. 아무리 회심을 해서 전도사가 되었다고 해도 믿음이 가지 않았을 것입니다.

아내는 제가 오지선교에 삶을 걸었다는 것을 알고 있었습니다. 신혼 때도 배낭을 꾸려 산골로 전도여행을 떠났으니까요. 아내는 결혼하면서 한 가지 결심을 했다고 합니다.

"남편이 원하면 뭐든지 하겠다."

아내는 그 말이 무슨 의미인지 알았을까요? 얼마나 희생해야 하는지 알았더라면 아마도 그 말을 쉽게 하지 못했을 겁니다. 그래도 아내는 지금까지 그 약속을 신실하게 지키고 있습니다.

아이들은 아버지의 부재 가운데 자랐습니다.

둘째인 다은이가 유치원 다닐 때 그림일기에 이렇게 썼습니다.

"오늘은 아빠를 만났다. 돼지갈비를 맛있게 먹었다."

"오늘은 아빠를 '만났다'"라는 표현에 미안하고 마음 아팠습니다. 그날은 저도 기억합니다. 오랫동안 만나지 못한 가족이 너무도 보고 싶어 제가 설교하기로 되어 있는 교회로 불러냈습니다. 예배를 마치고 함께 외식을 했습니다. 딸아이는 그것이 그렇게 좋았나 봅니다.

곧 군대에 들어가는 아들은 저와 같이 있으면 슬그머니 자기 방으로 들어갑니다. 부자유친이라고 아버지와 아들이 친밀해야 하는데 함께 지낸 시간이 없어서 그런 것은 아닌가 하는 서글픈 마음이 들었습니다.

어느 땐 제가 외톨이가 된 것 같은 소외감을 느끼기도 합니다. 아내와 아이들만 통하는 얘기를 한다든지, 셋이 나란히 누워 있으면 내 자리는 어딘가 싶은 서운함이 있습니다. 아마도 주의 일을 하느라 가족들을 돌보지 못하는 사역자들이나 생업에 바쁜 아버지들이 공통적으로 느끼는 것이겠지요.

그런데 최근에 아내에게 들으니 아들이 이렇게 말했다고 합니다.

"우리 아버지는 독립군 같아요. 집도 보살피지 못하고 우리랑 같이 살지도 못하고. 나는 아빠가 불쌍해. 그래도 존경해요."

아내는 예전엔 자신이 내심 신앙적으로나 가정적으로 교만했다고 합니다. 그런데 저를 만나 밑바닥까지 떨어지는 혹독한 경제적 고통과 남편 없이 아이들을 기르는 외로움을 겪으면서 인간적으로 성숙해지고 신앙적으로도 성장했다나요. 어쨌거나 지금은 저보다 더 신실한 믿음을 가지고 있습니다.

아버지들은 될 수 있는 대로 시간을 내서 아내와 아이들과 함께 즐거운 시간을 가져야 합니다. 인생은 한 번뿐이고 가족은 이 세상에 하나밖에 없습니다. 아이들은 금방 자라서 집을 떠나게 됩니다. 좋은 아버지란 아이들에게 좋은 추억을 주는 사람입니다.

그러나 아버지들이 사정상 그렇게 하지 못할 수도 있습니다. 새벽부터 나가서 일해야 하는 아버지도 있고, 어선을 타는 아버지도 있습니다. 밤과 낮을 바꿔서 일하는 아버지도 있고, 저처럼 선교지에 머물러야 하는 아버지도 있습니다. 그럼에도 불구하고 '옳은 일'을 하다보면 언젠가는 철이 든 자녀들이 아버지를 알아줄 날이 올 것입니다.

3년 전, 아내가 다니는 은행에서 대출을 받아 아파트 3층에 세를 들었습니다. 결혼한 뒤 지하에만 살다가 처음으로 지상으로 올라왔습니다.

"집에 갈 때 매일 지하계단으로 내려가다가 이젠 올라가니까 참 좋아요. 집에 햇빛이 들어오니까 너무 행복해요."

세상에서 제 설교가 제일 재미있고 감동적이라는 고 2짜리 우리 딸이 하는 말입니다.

힘들 땐 전도자에게 가족은 짐이고 십자가가 아닌가 생각했습니다. 가정 때문에 온전히 헌신과 몰입을 할 수 없기 때문이지요. 전도

자인 바울이 자기처럼 독신으로 사는 게 좋다고 한 말에 동의한 적
도 있습니다. 그러나 지금은 아내와 자식들이 제 곁에 있다는 것이
얼마나 고마운지 모릅니다.

제가 전도하느라 적지 않은 대가를 치러야 했던 가족들. 그러나
하나님은 "먼저 그의 나라와 그의 의를 구하라. 그리하면 이 모든 것
을 너희에게 더하시리라" 하신 말씀대로 저 대신 가족들을 지켜주시
고 아이들을 키워주셨습니다. 그리고 빵점짜리 남편이요 아버지인
이 전도자에게 세상의 어느 것과도 바꿀 수 없는 가족의 사랑을 주
셨습니다. 할렐루야!

골짜기의 백합들

산속에 사는 한 사람을 전도하는 것이 뭐가 중요하냐는 사람도 있습
니다. 그 정성이면 도시에서 더 많은 영혼을 구할 수 있는데 낭비가
아니냐는 말도 듣습니다. 동강교회를 방문했던 한동대학교 사회복
지학과 유장춘 교수님은 제 사역을 보시고 '적절한 부적절성'이라
는 글을 쓰셨습니다. 그 글에서 교수님은 제 사역을 이렇게 평하셨
습니다.

"지난 봄에 강원도 지역을 여행한 적이 있다. 거기서 이충석 목

사를 만났는데 그 분은 정말 나를 놀라게 했다. … 그 교회에 가서 예배를 드리면서 큰 은혜를 경험했다. 그의 삶은 낭비같이 보였지만 그것이 낭비라면 거룩한 낭비였음에 틀림없다."

그러나 저는 제 일이 낭비라고 생각하지 않습니다. 이 세상에는 무조건 하나님의 사랑을 받아야 하는 분들이 있습니다. 가난하고 소외되고 죽어가는 사람들이지요. 그 분들은 하나님을 위해 아무것도 할 수 없는 사람들입니다. 인간 사회에서도 잊혀지고 외면당한 사람들입니다. 마더 테레사의 집에서 죽음만 기다리는 사람들과 같지요.

저는 그 분들을 골짜기의 백합들이라고 생각합니다. 평생 힘들게 사셨을지라도 마지막에는 예수님을 영접하고 천국에 가셔야 하는 게 마땅한 분들입니다. 그런 한 영혼을 구하는 것이 이 세상을 구하는 시작이라고 생각합니다.

제가 잘 알고 있는 목사님은 오지에서 선교를 하면서 8년 동안 사모님과 둘이서만 주일예배, 수요예배, 철야예배를 드리셨습니다. 아무리 기다려도 등록하는 성도가 없었습니다. 그도 그럴 것이 그 마을은 아주 기가 센 무당이 지배하는 곳이었습니다.

어느 날 목사님을 방문했더니 저를 얼싸안고 난리가 났습니다. 기쁨에 목소리가 들떠 있었습니다.

"이 목사, 오늘 교인이 한 명 등록해서 심방을 가야 하네."

가난하고 소외되고 죽어가는 사람들, 그 분들은 골짜기의 백합들과 같습니다.
평생 힘들게 사셨을지라도 마지막에는 예수님을 영접하고 천국에 가시는 게 마땅한 분들입니다.
그런 한 영혼을 구하는 것이 이 세상을 구하는 시작입니다.
- 교회(번평마을)에서 내려다본 수동마을의 아침 전경

"축하합니다. 그럼 이제부터 세 사람이 예배드리게 되었네요."
"아니, 예배는 아직 두 명이 드리네. 그 분은 기동을 못하셔."
그 사람은 죽을병이 들어 교회에 나올 수도 없는 사람이었습니다. 곧 장례를 치러야 할지도 몰랐습니다. 그런데도 목사님은 좋아서 어쩔 줄 몰랐습니다. 한 사람의 영혼은 그렇게 귀한 것입니다.

수동마을 이명근 할아버지 댁을 방문했습니다. 할머니는 일을 나가시고, 할아버지는 작은 방 한쪽에 새우처럼 웅크리고 의식 없이 누워 계십니다.

죽음은 누구라도 혼자서 가야 하는 길입니다. 아무리 사랑하는 사람도 같이 갈 수 없습니다. 그리고 혼자서 하나님을 대면해야 합니다. 예수님을 믿는 믿음이 없다면 그 길처럼 무섭고 외로운 길은 없습니다. 가슴이 아려옵니다. 뼈만 남은 얼굴에 저승꽃이 피어 있고, 골 깊은 주름이 여든 평생 힘겹게 살아오신 흔적처럼 패여 있습니다. 얼마 전 의식이 있을 때, 예수님을 믿겠노라 고백하셔서 얼마나 기뻤는지 모릅니다. 할아버지도 이제 이생을 떠날 날이 얼마 남지 않았음을 알고 계셨습니다.

앙상한 손을 잡고 굽은 다리를 주물러드립니다. 눈물이 차오릅니다. 조금 있으면 영혼이 떠난 할아버지의 육신을 펴며 염을 해드려야 할 것입니다. 그래도 아직 귀는 열려 있으리라 믿고 큰소리로 기도를 해드립니다.

"할아버지, 아무 염려 말고 천당 가세요. 예수님 손 꼭 붙들고 가세요. 주님, 부디 할아버지의 영혼을 당신 품에 편안히 거두어주소서."

할아버지의 꼭 감은 눈에서 눈물이 흐르는 것만 같습니다. 다시 한 번 할아버지의 손을 꼭 잡아드립니다. 우리 옆에서 한 영혼을 바라보고 계시는 예수님을 느낍니다.

복음을 전하는 일에 따르는 희생이 아주 클 수 있습니다. 감당하기에는 대가가 너무 크다는 생각이 들 수도 있습니다. 어쩌면 우리 인생 전부가 필요할 수도 있습니다. 그럼에도 불구하고 그 일을 해야 하는 이유는 너무 분명하지 않습니까? 그 일을 위해 인생을 허비하십시오. 하나님이 갚아주실 것입니다.

섬김의 전도 비결 **6**

인생을 허비하라!

복음을 전하기 위해 대가를 치르는 일에 주저하지 말라.
예수님이 우리와 같이 먹고 입고 사신 것처럼
우리도 전도할 사람들 속으로 들어가
시간과 물질과 눈물을 뿌려야 한다.

이충석 목사가 귀띔해주는
전도 비결 7

실패한 전도는 없다

저는 원래 서울 제기동에서 태어났는데 아버지가 강원도 도계로 들어오시는 바람에 그곳에서 자랐습니다. 도계는 삼척과 태백을 잇는 탄광촌이었습니다. 개천의 물도 까맣고 잠깐 나가서 놀아도 석탄가루를 온몸에 뒤집어써 새까매져서 들어오곤 했습니다.

초등학교 2학년 여름방학 때였습니다. 개천을 건너서 점리라는 고개를 넘기 전에 예배당 하나가 있었는데, 그곳에서 서울에서 온 대학생들이 성경학교를 연다고 했습니다.

동네 아이들이 다 몰려가길래 저도 동생을 데리고 생전 처음 교회라는 곳을 가봤습니다. 처음 보는 서울 대학생 형님 누나들이 찬송과 율동을 가르쳐주고 인형극을 보여줬는데 심봉사가 눈을 번쩍 뜨는 것 같은 놀라운 경험이었습니다. 마침 그 기간에 제 생일이 들어 있었습니다. 성경책을 선물로 받았습니다. 신약만 있는 아주 작은 성경이었습니다.

서울로 다시 올라온 초등학교 3학년부터는 교회를 다니지 않았습니다. 사람들 눈에는 실패한 전도였을 것입니다. 그러나 그때 뿌려진 씨앗 덕분에 중학교 때 친구의 전도를 받아 다시 교회에 나가게 되었고 결국 저는 목사가 되었습니다.

전도를 받아들여 교회에 나오신 분들의 얘기를 들으면, 이전에 누군가가 자신에게 전도를 했다는 말을 많이 하십니다. 당시에는 거절했지만 오랜 시간이 지난 뒤 예수님을 믿게 되었다는 것이지요.

동강에 들어와 처음 만났던 박영자 집사님은 처녀 시절 대구에서 살 때 예배당에 나간 적이 있다고 합니다. 결혼하고 몇십 년 동안 교회하고는 담을 쌓고 살았지만 저를 만나고 나서 신앙생활을 다시 시작했습니다.

점제에 사시는 또 다른 박영자 할머니는 재혼하고 동강에 와서 살게 되었는데, 전실 딸이 좋은 크리스천이어서 새어머니에게 전도를 여러 번 했다고 합니다. 그때는 비록 귓등으로 듣고 말았지만, 우리의 전도를 받았을 때 마음이 열려 지금은 교회에 잘 나오고 술과 담배도 끊으셨습니다.

저의 장인 함길영 집사님도 할머니 때부터 예수를 믿어온 집안이었지만, 젊은 시절에는 건성으로 교회만 다녔지 믿음이 없다가 지금은 진짜 은혜 가운데 살고 계십니다. 전도도 열심히 하십니다. 병이 나서 산골로 들어오신 이웃들을 방문해서 위로해주고, 새로 이사 온 분들이 잘 적응해서 살 수 있도록 진심으로 도와주십니다. 내년에 동강교회의 첫 번째 장로님이 되실 예정입니다.

아내의 술 문제로 자진해서 교회에 나오신 최종학 집사님도 스무 살 전에 잠깐 교회를 다닌 적이 있었다고 합니다.

올해 이사를 와서 교회에 등록한 새로운 펜션 주인도 그동안 예수님을 완전히 잊고 살다가 몸이 아픈 다음에야 하나님을 찾아서 다시 나왔습니다. 공기 좋은 곳에서 전능하신 주님의 은혜로 건강을 되찾기를 기도하고 있습니다.

하나님은 한 번 부르신 사람을 잊어버리는 분이 아닙니다. 저를 그렇게도 싫어하셨던 불교신자 유영자 할머니도 아주 옛날 예배당 근처에서 사신 적이 있다고 합니다.

"함께 갑시다 내 아버지 집… 함께 갑시다 내 아버지 집… 처녀 때 뜻도 모르고 이 노래를 불렀어요. 방아 찧으면서도 부르고 보리 베면서도 부르고. 근데 이 노래가 찬송가라면서요?"

교회 종소리만 들었어도 하나님은 기억하고 불러주시나 봅니다.

전도는 육상경기의 계주와 같습니다. 달리기 가운데 가장 재미있고 아슬아슬한 것이 계주입니다. 육상의 꽃이라고 불릴 만하지요. 400미터, 1600미터를 네 명의 선수가 배턴을 터치하면서 달립니다.

계주는 스타트를 하는 첫 주자와 앵커라고 부르는 마지막 선수가 부담이 큽니다. 기록이 가장 좋은 선수들이 맡게 되지요. 그렇지만 중간에 달리는 선수들도 다 중요합니다. 누군가 넘어진다든가 배턴 터치를 하다가 떨어뜨리면 큰일이니까요.

전도도 그런 것 같습니다. 누군가가 맨 처음 전도를 하고, 그 다음 주자가 하고, 그렇게 이어지다가 마지막 주자가 골인을 하게 되는 것입니다. 상을 타게 된다면 네 명이 모두 받습니다. 한 영혼을 구원하기 위해 기도해주고, 찾아가고, 들어주고, 애를 쓴 모든 전도자들은 동일하게 주님의 칭찬을 받게 될 것입니다.

강원도 어느 산골에 들어갔을 때였습니다. 할머니 혼자 사시는 집에서 일을 도와드렸습니다. 여자 혼자 사니까 잠은 재워줄 수 없다고 하셔서 밥만 얻어먹었습니다. 할머니는 밥을 짓느라 아궁이에 불을 때면서 늘 푸념을 하셨습니다.

"애고 이년의 팔자… 배추농사 몇 년 말아먹고… 남편은 농약 먹고 먼저 가고… 내가 혼자 살아서 뭐하나. 무슨 영화를 보겠다구."

할아버지는 만 평 정도의 땅에 배추를 심었는데 연이은 배추 파동으로 한 포기도 팔지 못하고 밭을 다 갈아엎었다고 합니다. 그 충격으로 제초제를 마시고 자살을 했습니다. 자살이 무서운 것은 남은 유가족에게도 심각한 상처를 주고 우울증을 전염시킨다는 겁니다.

"혹시 나 때문에 죽었나? 아님 저 사람 때문에 죽었나?"

가족들은 죄의식으로 괴로워하고 서로 원인 제공자라고 의심하면서 미워하게 됩니다.

할머니의 표정은 너무도 어두웠습니다. 소망이 다 끊어진 사람은 살아있어도 죽음의 냄새가 납니다. 이러다간 큰일 나겠다 싶었습니다. 제가 위로를 해드렸습니다.

"할머니, 이번엔 제가 최선을 다해 팔아드릴게요. 힘내세요."

저는 할머니의 배추를 1톤 트럭에 싣고 직접 장에 나가기도 하고, 도시 교회와 아파트들을 돌아다니며 다 팔아드렸습니다. 그러나 돈이 할머니의 절망을 몰아내지는 못했습니다. 그 후 2년 동안 할머니를 도와 농사를 지으면서 예수님을 전했습니다만, 할머니는 대답하지 않은 채 그만 할아버지 곁으로 가시고 말았습니다.

너무 마음이 아팠습니다. 구원의 비밀은 주께 속해 있으니 저는 눈물로 할머니를 위해 기도를 드릴 뿐이었습니다. 전도자는 이럴 때 기운이 빠집니다. 자책하는 마음이 들고 괴롭습니다.

"주님, 제가 더 자주 왔어야 했나요? 저의 사랑과 관심이 부족했나요?"

그러나 "네 탓이다, 네 잘못이다"라고 송사하는 마음은 사탄이 주는 것입니다. 전도에는 실패라는 것이 없습니다. 전도자는 주의 뜻을 따라 복음을 전하는 사람일 뿐이고 그 결과는 주님의 몫입니다. 할머니가 돌아가시던 마지막 순간에 주님께 신앙을 고백했는지 그 여부는 주님만 알고 계시겠지요.

제가 전도할 때 연로한 분들에게는 이런 말씀을 드립니다.

"혹시나 할머니 혼자 계실 때, 하늘나라 가게 되면 무조건 이렇게 기도하세요. '예수님 저를 불쌍히 여겨주세요. 예수님 이름으로 기도합니다' 이렇게요."

저의 전도가 헛되지 않았을 거라고 믿고 있습니다.

제가 전도사 시절이었습니다. 성서공회에서 전도용 큰글자성경을 후원받아 시골 어르신들에게 나눠드렸습니다. 글자를 모른다고 아예 받지도 않는 할머니도 계셨지만 대부분은 고맙다면서 잘 받으셨습니다.

며칠 후 심방을 나갔다가 깜짝 놀랐습니다. 어떤 할머니는 성경을 뒷간에 두셨습니다. 종이가 부들부들해서 뒤를 닦기가 아주 좋다고 하시더군요. 화장지를 쓰지 않던 시절이었으니까요. 어떤 분은 낮잠 잘 때 목침대용으로 쓰셨습니다. 어떤 분은 보자기로 곱게 싸서 선반 위에 올려놓고 매일 아침 저녁으로 절하면서 빌고 있었습니다.

'이런 분들에게 어떻게 예수님을 전할 수 있을까' 하고 낙심이 되었습니다. 그 중 조 씨 할아버지라는 분이 계셨습니다.

"전도사, 나 그 교회 책 한 권 더 주게나."

"어디다 잃어버리셨어요?"

"아냐, 쓸 데가 있어서 그래. 작은 것도 괜찮으니 하나만 더 주게."

별 생각 없이 한 권 더 드리겠다고 약속하고 얼마 후 집으로 찾아갔습니다. 할아버지네 툇마루에는 성경이 여기저기 찢겨진 채 놓여 있었습니다. 그 옆에 잎담배 통이 나란히 붙어 있었습니다. 할아버지는 성경으로 담배를 말아 피셨던 것입니다.

"내가 글을 몰라서 먹어버렸네. 태워서 먹으면 머리에 드갈까 해서. 으허허허."

할아버지는 넉살 좋게 성경을 연기로 마셨다고 우기셨습니다. 어쩌겠습니까? 저도 그만 따라 웃고 말았습니다.

성령님이 어떻게 역사를 하셨는지, 아니면 정말 성경 한 권을 다 말아 피신 것이 효험이 있었는지 조 씨 할아버지는 예수님을 믿게 되었습니다. 아마도 미안한 마음에 제 심방을 받아들이셨고 말씀을 자꾸 듣다보니 믿음이 생겼던 것 같습니다. 하나님의 역사는 기이하기도 합니다.

주의 일을 하다가 낙심하지 말라고 했습니다. 주의 일은 성공을 해도 제가 한 것이 아니고, 실패한 것같이 보여도 그 안에는 주님의 뜻이 있습니다. 주 안에서 행한 모든 일은 합력하여 선을 이룹니다.

우리는 주님의 뜻을 다 알 수 없습니다. 전도자는 주의 뜻을 따라 복음을 전할 뿐입니다. 선물을 나눠주듯이. 그러므로 전도할 때 두려워하지 마시길 바랍니다.

처음 동강에 들어올 때부터 저를 좋아하지 않았던 마을 지도자가 있었습니다. 인사를 해도 받아주지 않고 노골적으로 외면했습니다.

마을에 수해가 났을 때도 교회에서 나눠드린 구호물품을 대문 밖으로 밀어냈습니다.

"내가 거지입니까? 이런 거 안 받습니다."

그 분은 공공연하게 이렇게 말하고 다녔습니다.

"이 마을엔 절대로 교회 같은 건 들어올 수 없어. 누가 헌금할 사람도 없고."

7-8년이 지났습니다. 오랜 세월만큼 그 분의 반응도 조금씩 달라졌습니다. 인사도 받아주고 집에 들어오라고 해서 차도 대접해주었습니다. 지금 동강교회가 세워진 터를 소개해준 사람도 그 분입니다. 교회 입당식 날에는 축하전화도 걸어주셨습니다.

"축하합니다. 집도 없이 고생하시더니. 예배당이 세워진 거 보니 저도 참 좋습니다."

그 분은 기독교와 목사를 신뢰하지 않았다고 합니다. 예수 믿는 사람들은 다른 사람들의 종교를 존중하지 않고 자기만 옳다고 하는 게 오만방자해 보였고, 자기들은 의인이고 다른 사람들은 죄인이라며 편을 갈라놓는 게 영 불쾌하다고 했습니다. 처음 제가 이 마을에 들어왔을 때도 젊은 놈이 잠깐 들어왔다가 목사 안수를 받으면 도시로 떠날 줄 알았답니다.

그런데 지내고 보니 교회가 참 좋은 일도 많이 하고, 목사도 생각보다 괜찮은 사람이라는 것을 알게 되었다고 합니다. 지금은 교회에 행사가 있으면 마을회관도 쓰게 해주시고, 여러 가지 협조를 잘해주

전도는 삶입니다. 전도는 일상생활입니다.
오늘도 마을을 돌아봅니다. 누가 주님이 택하신 백성인지
제 눈에 보이지 않는 것이 얼마나 다행인가요.
-정순남 할머니의 애지중지 재산 1호 외양간

십니다. 요즘 길에서 만나면 농담을 걸어옵니다.

"목사님, 교회 운영은 잘 됩니까? 차비는 빠지나요?"

아직 그 분이 교회에 나오지는 않습니다만, 하나님께서 전도의 배턴을 제게서 다른 사람으로 넘기지는 않으실 것 같습니다.

"교회 문 항상 열려 있습니다. 빨리 나오셔야죠?"

그 분을 위해 기도하며 기다리고 있습니다.

전도는 삶입니다. 전도는 일상생활입니다.

오늘도 마을을 돌아봅니다. 누가 주님이 택하신 백성인지 제 눈에 보이지 않는 것이 얼마나 다행인가요. "오직 주께서는 너희를 대하여 오래 참으사 아무도 멸망하지 아니하고 다 회개하기에 이르기를 원하시느니라"벧후 3:9고 하신 말씀을 믿고 나섭니다.

"할머니, 소가 언제 새끼 났어요?"

"엊저녁에. 비바람 치는데 어미 소가 얼마나 애를 썼는지. 목사님이 기도 좀 해주셔. 우리 송아지 젖 잘 먹고 쑥쑥 자라게."

"그럴게요. 할머니, 우리 같이 기도해요."

할머니 손을 잡고 기도합니다. 결과는 주님께 맡기고, 좋은 종의 할 일을 합니다. 외갓집에 가는 마음으로. 편안하게.

섬 김 의 전 도 비 결 7

실패한 전도는 없다!

주님의 일은 성공해도 내가 한 게 아니고
실패한 듯 보여도 그 안에 주님의 뜻이 있다.
결과는 주님께 맡기고 다만 그 뜻을 따라
밥 먹듯 당연히, 선물하듯 기쁘게 전도하라.

이충석 목사가 귀띔해주는
전도 비결 8

가족전도라고 다르지 않다

생각보다 힘이 드는 것이 가족전도입니다. 남들은 모르는 전도자의 허물과 위선들을 가족들은 너무도 잘 알고 있기 때문이지요. 목사가 설교할 때 가족들이 앞에 있으면 그렇게 하기 힘든 이유이기도 합니다. 처음 전도사가 되어 어머님과 아내 앞에서 설교할 때 말이 막힌 적도 있습니다. "너나 잘하세요" 하는 소리가 나올 것 같아서지요.

가족전도가 힘이 드는 또 한 가지 이유는, 가족구원이 시급한 문제임에도 불구하고 전도자가 따로 시간을 들이기가 쉽지 않다는 데 있습니다. 매일 만나는 가족들이라 그런지 막연하게 '언젠가는 믿겠지' 하고 오히려 방치하게 됩니다. 그러다가 큰 병이나 사고 같은 것을 당하면 그제서야 깜짝 놀랍니다. 가장 먼저 전도해야 할 가족들에게 우리가 얼마나 무심하게 대했는지 말입니다. 하나님은 집중적으로 전도할 시간을 주기 위해 가족에게 어려움을 당하게 하십니다. 알고 보면 감사한 일입니다.

눈물로 강권해야 할 일

저는 지금까지 서른 차례가 넘게 염을 했습니다. 아직 40대인 젊은 목사치고는 많이 한 셈이지요. 병원이나 장례지도사가 없는 오지에서 전도를 하다보니 노환으로 돌아가신 할아버지, 할머니들이나 갑작스런 사고를 당해 죽은 사람들의 수습을 제가 할 수밖에 없습니다.

처음에는 당황스러웠지만 지금은 시신 앞에서 진지한 깨달음을 얻습니다.

무신론자들은 이렇게 말하지요.

"죽으면 끝이지 그 뒤에 뭐가 있단 말인가? 당신이 봤냐?"

그들은 죽으면 끝이라고 믿고 싶을 것입니다. 그러나 저는 죽음 다음에도 삶이 있다는 것을 확신합니다. 영혼이 떠나버린 육신들이 그 사람의 마지막 메시지를 전해주기 때문입니다. 평안한 얼굴이 있고, 고통에 일그러진 얼굴도 있습니다. 고요하게 감은 눈도 있고, 겁에 질린 채 뜬 눈으로 돌아가신 분도 있습니다. 저는 그 분들의 눈을 감기며 묻습니다.

"당신의 영혼은 지금 어디에 있습니까?"

인생은 짧고 죽음은 느닷없이 다가옵니다. 시신을 앞에 두고 있으면 두 가지 결심이 생깁니다.

첫 번째 결심은 죽기 전에 아낌없이 '사랑하자' 입니다. 제가 사람들에게 줄 수 있는 가장 큰 사랑은 그들이 살아있을 때 예수님을 전하는 것입니다. 살아서 예수님을 믿으면 인생이 확 바뀝니다. 제가 경험해봐서 너무도 잘 압니다. 그 중에서도 사랑하는 가족이 천국에 갈 수 없다면 그것은 가장 큰 고통이 될 것입니다. 강제로 끌고 가서라도, 때려서라도, 울며 매달려서라도 가족을 전도해야 하는 이유입니다.

두 번째 결심은 '용서하자' 입니다. 아무리 나쁜 짓을 한 인간도 죽음을 앞에 두고 있으면 한없이 불쌍합니다.

"백 년도 못 사는 인생, 이렇게 끝나는데 왜 그렇게 살았니?"

주님이 우리를 내려다보실 때에도 그런 심정일 것입니다.

인간은 태어날 때부터 죄인입니다. 피 속에 죄가 흐릅니다. 하나님께서 인생 가운데서 지각이 있는 자와 하나님을 찾는 자가 있는가 보려 하셨지만, 함께 더러운 자가 되고 선을 행하는 자가 하나도 없다고 하셨습니다.시 53:2-3 그러니 똑같은 죄인인 우리가 용서 못할 죄도 없습니다. 하물며 가족 간에는 더욱 그렇습니다.

저는 아버지 쪽 형제가 10남매, 어머니 쪽 형제가 5남매인 집안에서 자랐습니다. 어릴 때 집안 모임에 가면 보통 40-50명이 모였습니다. 그 가운데 예수님을 믿는 사람은 하나도 없었습니다. 중학교 때 친구를 따라서 예배당에 다니기 시작한 제가 첫 번째 기독교신자였습니다.

어머니는 일찍 과부가 되셨습니다. 초등학교 4학년인 저와 남동생을 혼자 기르느라 온갖 고생을 다 하셨습니다. 먹고 살기도 어려운데 장남인 제가 직장을 다니지 않고 신학교에 가겠다고 하니 어머니는 기독교에 대한 마음이 더 닫혀버리고 말았습니다.

"엄마 힘든 줄도 모르고… 장남이 돈도 안 벌고… 너만 예수 믿고 천당 가면 다냐?"

눈물로 기도하면서 권면했지만 어머니는 끄떡도 하지 않으셨습니다. 어머님은 제가 전도사로 임명 받기 직전에야 교회에 나오셨습니다. 예수님을 믿기 위해 나오신 것은 아닌 것 같았습니다.

"전도사 엄마가 되어가지고 교회에 안 다니면 아들 체면이 뭐가 되겠나."

그렇게 교회에 나오신 어머니는 시나브로 진짜 예수님을 믿고 이제 권사님이 되셨습니다.

어머님은 사람들에게 이렇게 간증을 한다고 합니다.

"중고등학교 때 그렇게 말썽 피우고 속 썩인 이 목사가 예수 믿고 180도 바뀐 것을 보니 확실히 하나님이 살아있기는 한가보다 싶었지. 사실은 그래서 나도 따라 믿은 거지 뭐."

저 혼자 교회 다닌 지 30년이 지났습니다. 지금은 가족 가운데서 장로, 권사 몇 분이 나왔고, 저와 사촌누나가 목사 안수를 받았습니다. 제가 다 전도한 것은 아니지만 믿음의 조상 아브라함처럼 우리 집에서 제일 먼저 기독교를 믿었다는 것에 자부심이 있습니다.

가족전도에 다른 왕도는 없습니다. 다른 사람을 전도할 때와 같이 자주 찾아가고, 들어주고, 기도하고, 머슴이 되어주는 것이지요. 더 중요한 게 있다면 눈물로 강권하고, 끝까지 참고 기다리는 것입니다.

부모님 전도는 가족전도 가운데서 그래도 쉬운 편에 속합니다. 눈물로 매달리는 자식들을 이기는 부모는 없기 때문이지요. 진심으로 부모님을 전도하고 싶다면 교회 전도주간이나 추수감사주간 같은 특별절기에 작정을 하고 눈물로 매달려보시기 바랍니다. 그런 특별절기에는 목회자들도 기도를 많이 합니다. 역사가 많이 일어납니다. 하나님께서 그 기도를 헛되이 버리시지는 않을 것입니다.

유난히 고집이 센 부모님들은 끝까지 거부할 때도 있습니다. 제가 아는 목회자는 예수님을 못 믿게 하는 아버지에게 얻어맞아서 허리를 다치기도 했습니다. 그래도 세월이 흐르면 부모님은 늙어갑니다. 마음도 약해지지요. 외롭고 힘드실 때 자식노릇을 잘 해드리면 전도는 성공합니다.

임종의 순간까지도 포기하지 말아야 합니다. 말씀은 못 하셔도 귀는 열려 있기 때문에 성경말씀을 들려드리고, 찬송을 불러드리고, 죽음을 겁내지 마시길 기도해드려야 합니다. 삶과 죽음의 경계 마지막에 마음을 돌려 예수님을 영접하는 기적을 저는 너무도 많이 봐왔습니다.

형제 사이의 전도나 부부 사이의 전도 역시 눈물의 강권이 최고입니다. 전도는 머리가 아닌 가슴을 움직여야 합니다. 천 마디 말이나 협박보다 사랑하고 걱정해서 진심으로 흘리는 눈물의 권면은 실패하지 않습니다.

의외로 형제들끼리 왕래하지 않는 집들이 많은 것 같습니다. 만나면 싸우니까 아예 안 보고 지내나 봅니다. 보통은 돈 문제, 시부모 모시는 문제, 그리고 종교의 갈등 때문이지요.

"노엽게 한 형제와 화목하기가 견고한 성을 취하기보다 어려운즉 이러한 다툼은 산성 문빗장 같으니라"[18:19]는 잠언 말씀이 있습니다. 어떤 문제가 걸려 있든 예수님을 믿는 사람이 먼저 화해를 하고 만나야 합니다. 형제들을 전도하려면 예수님 믿는 사람이 손해를 봐야 합니다. 선한 일을 해야 영향력이 생깁니다. 그래야 전도를 해도 말이 먹힙니다.

남편을 전도하려는 아내들은 우선 남편을 사랑해야 합니다. 사랑하면 전도를 안 할 수 없습니다. 사랑하는 사람에게 이 좋은 복음을 누리게 해야 한다는 절박한 마음이 들지 않으면 그건 진실로 사랑하는 것이 아닙니다. 믿지 않는 남편을 위해 기도할 때 눈물이 터지지 않으면 남편의 영혼을 진짜 사랑하는 것이 아닙니다.

원수처럼 밉다면 더 전도를 해야 합니다. 원수를 사랑하는 것이 예수님이 원하시는 사랑의 최고봉이니까요. 쉽지 않습니다만 노력은 해야 합니다.

부부 관계를 회복해야 합니다. 그러려면 지나간 일들은 무조건 용서해야 합니다. 구약시대에 희년을 맞아 빚을 탕감해준 것과 같습니다. 예전 일은 없던 것으로 치고 교회에 나오는 순간부터 새사람 취급을 해주는 것입니다. 자꾸 옛날 일 끄집어내서 싸우지 말았으면 합니다. 1년에 한 번, 부활절이든지 아니면 크리스마스 때, 그해 쌓인 잘못을 다 용서하는 날로 삼았으면 합니다.

원수 같은 남편이 예수님 믿고 변화하면 아내에게 그보다 좋은 축복은 없습니다. 새로운 결혼으로 맞이한 새신랑과의 생활이 시작되는 것과 같습니다.

남편들은 아내가 진정 사랑하는 마음으로 눈물을 흘리며 전도를 하면 웬만하면 교회에 따라옵니다. 그 다음이 더 중요합니다.

남편을 전도한 권사님이나 집사님은 남편이 교회에 잘 적응할 때까지 주일봉사에서 빼줬으면 하는 바람이 제게 있습니다. 주일에 아내가 교회 일에 너무 바빠서 남편 혼자 예배 보도록 내버려두면, 남편이 얼마 못 가서 교회에 안 나옵니다. 같이 앉아서 예배도 드리고, 교회식당에서 밥을 먹으면서 대화를 나누다가 같이 집으로 돌아가는 것이 좋습니다. 남편을 교회 로비에 우두커니 세워두고 여 집사

❶ 주일 아침, 예배 드리러 교회에 들어가는 교인들
❷ 동강교회의 숨은 일꾼 박 전도사님. 노인 분들과 교감할 수 있고, 성경지식도 풍부하고, 놀라운 신앙 체험도 하신 분이라 권면에 힘이 있다.

전도는 머리가 아닌 가슴을 움직여야 합니다.
천 마디 말이나 협박보다 사랑하고 걱정해서
진심으로 흘리는 눈물의 권면은 실패하지 않습니다.

님들만 바삐 돌아다니면 남편이 얼마나 외롭겠습니까?

알고 보면 남자들이 여자들보다 약한 데가 많습니다. 남편이 같은 연배의 전도회에 들어가 성도들과 교제를 나눌 수 있을 때까지, 성가대 같은 곳에서 봉사할 때까지 아내들이 세심하게 살펴줘야 합니다.

술, 담배 문제에 있어서도 너그러워야 합니다. 교회에 나가자마자 "담배 피지 마라, 술 먹지 마라" 조바심을 치면 안 됩니다. 술, 담배는 나쁜 버릇이지 죄는 아닙니다. 복음이 제대로 들어가면 저절로 끊습니다.

한번은 아주 귀티 나는 권사님 한 분을 만난 적이 있습니다. 남편은 중소기업을 운영하시는데 매일 술을 마시고 들어와 부부싸움이 그칠 날이 없었답니다. 권사님은 기도원에 올라가 금식기도도 하고, 새벽기도에 금요철야까지 하면서 남편이 술 끊기를 기도했지만 소용이 없었습니다.

"남편이 술 마시고 들어오면 권사님은 어떻게 하세요?"

제가 물었습니다.

"소리도 지르고, 싸움도 하고, 사탄아 물러가라고 외치기도 하지요. 저는 술 냄새가 싫어요. 정 못 견디면 교회 와서 철야하고 가요."

"권사님, 남편을 사랑하시나요?"

"사랑합니다."

"그럼 그 사랑 위에 긍휼의 마음을 더해보세요. 남편이 술 취해서 오면 맨발로 뛰어나가서, 아이고, 우리 신랑 밖에서 돈 버느라 얼마나 고생이 많으셨어요, 어서 오세요, 하고 안아주세요. 꿀물 타서 먹여주고, 발도 닦아주시고, 이부자리에 뉘여 재워주세요. 철야는 남편 옆에서 하세요. 아침에 북엇국 끓여주고 와이셔츠 깨끗하게 입혀서 출근 시키세요."

권사님이 제 말을 실천하셨는지는 모르겠습니다만, 예수님 믿는 가정에 문제가 있을 때는 서로 끌어안고 어루만져야 합니다. 기도원, 집회 등지를 쫓아다니면서 희한한 능력을 구하는 것보다 훨씬 효과가 좋습니다.

우리 교회의 박영자 할머니는 몇십 년 술에 절어 살았지만, 예수님을 믿고 술을 딱 끊었습니다. 지금은 술 냄새도 맡기 싫다고 합니다. 그 할머니가 술을 끊는 것을 보고 이웃에 사는 할아버지 한 분이 교회에 나오셨습니다. 원래는 불교를 믿으시던 분이었습니다. 아내가 하도 술을 못 끊으니까 큰 결심을 하고 오신 것이지요.

교회에 등록했다고 갑자기 성인 군자가 되는 것은 아닙니다. 우리는 죽을 때까지 실수하고 실패하고 후회하고 또 일을 저지르는 약한 인간들입니다. 주님도 우리를 참아주시는데 아내 혹은 남편이 배우자가 복음으로 변화될 때까지 기다려주지 못할 이유가 없습니다.

주일 아침, 단정하게 옷을 입은 노부부가 앞서거니 뒤서거니 하면서 교회에 오시는 모습을 보면 참 아름답습니다. 부부가 같이 신앙생활을 하면서 늙어가는 것처럼 축복 받은 결혼생활은 없습니다.

사랑으로
오래 참기

자식 전도가 제 개인적으로 볼 땐 가장 어렵습니다. 어릴 땐 엄마 따라 교회를 잘 다녔어도 사춘기에 들어서면 어디로 튈지 모릅니다. 잔소리는 소용없고, 협박은 더 비뚤어지게 하고, 눈물의 강권도 안 먹힙니다. 저도 두 아이를 기르고 있습니다만, 자식농사가 참 어렵습니다. 오죽하면 잠언에 이런 말씀이 다 있을까요.

"네가 네 아들에게 희망이 있은즉 그를 징계하되 죽일 마음은 두지 말지니라."19:18

자식도 미우면 죽일 마음까지 들 수 있다는 말씀이네요.

몇 년 전 동강교회가 세워지기 전이었습니다. 컴퓨터 관련 사업을 하다가 동강으로 들어온 분이 있었습니다. 근처에 펜션을 멋있게 짓고 운영했습니다. 예수님을 믿지 않는 사람이었습니다만, 저는 오며 가며 일을 도와주었습니다. 펜션 하나 운영하는 데도 참 일손이 많이 필요했습니다.

어느 날 보니 펜션 근처에 풀이 너무 자라 있었습니다. 아무 말 없이 그것을 다 베어주었습니다. 펜션 주인이 나와서 저를 불렀습니다.

"목사님, 오늘 저녁에 우리 집에서 삼겹살에 소주 한 잔 합시다."

"삼겹살은 돼도 소주는 안 되겠는데요."

"그럼 소주는 내가 마실 테니 목사님은 고기나 드슈."

불판에 고기를 굽고 있는데 소주를 마시던 펜션 주인이 턱을 괴고 나를 바라봤습니다.

"목사님은 왜 나한테 예수님 믿으란 말을 한 번도 안 하슈? 날 무시하는 거유?"

"에이, 제가 그럴 리 없지요. 적어도 한 번은 했습니다."

"근데 이상해. 목사님이 예수 믿으란 말을 안 하니까 갑자기 교회에 나가고 싶어지네."

"예수님 믿으란 말도 안 했는데 왜 교회는 나오고 싶으세요?"

"그러게요. 우리 집이 일곱 형제거든요. 다 목사에 장로인데 나만 예수 안 믿어요. 다들 날 벌레 보듯 싫어해요."

아마도 그 사람 역시 저 못지않게 사춘기를 혹독하게 치렀던 모양입니다. 믿음이 좋은 부모형제들이 말썽만 부리는 그를 사람 취급도 안 했다고 합니다. 그러니 반항심 때문에 더 말썽이 심해졌겠지요.

"장로 형이 가족모임에서 대표기도를 하면 이렇게 해요."

그가 목소리를 꽉 깔아서 장로님들의 기도 흉내를 냈습니다.

"여기 우리 형제 가운데 사탄의 권세 아래 있는 자가 있으니…"

펜션 주인이 소주잔을 빙글빙글 돌리며 웃었습니다.

"내가 사탄의 자식이라 이 말이지. 그 기도 들으면 내가 눈이 다 뒤집혀버려. 아니 내가 아무리 죄인이지만 장로가 그렇게 말해도 되나? 형제가 그렇게 말해도 되나? 죄인을 불쌍히 여겨야 하는 거 아닌가? 원수도 사랑하라는 것 그게 예수 사랑 아닌가?"

그 말이 내 귀에는 "나도 사랑받고 싶었어. 나도 관심 받고 싶었어"라고 들렸습니다. 모든 문제아들이 그렇듯 그는 사랑받기 위해 사고를 쳤습니다. 예쁜 짓을 하면 좋으련만 가족들의 미움과 질책이 그에게 반항심만 더 키운 모양이었습니다.

형제들이랑 담쌓고 아예 안 보려고 시골로 내려왔는데 목사라는 내가 자꾸 찾아오니까 속으로 별렀다고 합니다. 예수 믿으라고 한 마디만 해라, 내가 한 방에 날려버릴 테니까.

"근데 아무리 기다려도 목사라는 양반이 그 말은 안 하고 일만 도와주고 밥만 먹고 더벅더벅 돌아가네. 처음엔 이상했다가, 그 담엔 궁금했다가, 이젠 친밀감마저 드네. 내가 꼬였나? 그러니까 교회에 가고 싶으니."

"드디어 하나님의 때가 된 거죠."

"그런가요? 하여튼 교회 완성되면 나갈게요."

속으로 아멘, 했습니다.

"저야 고맙죠."

우리는 웃으면서 헤어졌습니다. 하지만 그 분은 영영 교회에 나올 수 없었습니다. 얼마 후 스스로 생을 마감하고 말았습니다.

지금도 그 분을 생각하면 가슴이 아픕니다. 어떤 자를 불에서 끌어내어 구원하라는 말씀처럼,유 1:23 그때 화급하게 꽉 붙들고 나와 강제로라도 예배를 같이 드렸어야 했습니다.

일단 교회 안에 들어온 영혼은 아무리 문제를 일으켜도 참고 기다려줘야 합니다. 가족도 마찬가지입니다. 아무리 미워도 돌아올 것을 믿어줘야 합니다. 성경에 보면 탕자가 돌아올 때 아버지가 멀리서 보고 측은히 여겨 달려가 목을 안고 입을 맞췄다고 했습니다. 멀리서부터 봤다는 것은 아들이 돌아오길 매일 기다렸다는 것이지요. 그 다음엔 달려가 아무 말 없이 목을 안고 입을 맞춰주는 것입니다. 그런 아버지였기 때문에 탕자인 아들이 집으로 돌아왔을 것입니다.

중학교 때 저를 전도했던 친구들은 입시학원에서 만난 아이들이었습니다. 그땐 고등학교에 들어가려면 연합고사를 치러야 했습니다. 그 친구들은 어릴 때부터 교회에 다닌 모양이지만 경건하고 신실한 것과는 거리가 멀었습니다. 그때 한창 유행이었던 롤러스케이트장에서 죽치면서 이성교제에 음주와 흡연까지 하는 문제아들이었으니까요.

더 놀랍게도 그 아이들의 아버지는 목사님, 장로님이었고 어머니는 권사님이었습니다. 그 중 저와 가장 친했던 이성일이라는 친구는 아버지가 교회 담임목사였는데, 아버지 직업을 '목사'가 아닌 '목수'라고 속이고 우리와 함께 사고를 치고 다녔습니다. 저는 교회에 다니는 부모님이 부러웠는데 제 친구들은 아니었나 봅니다.

같은 교회 교인들과 주일학교 교사들이 속으로 흉을 많이 봤을 것입니다.

"목사, 장로 아들들이 어째서 저 모양일까. 엘리 제사장네 아들들

영혼 구원은 가족이라 하더라도
쉬운 것이 아닙니다.
10년, 20년은 보통이고, 30년을
기다릴 수도 있습니다.
그래도 언젠가는 열매를 맺습니다.
그때까지 사랑으로 기다려주고,
부디 꺾어서 버리지만
않는다면 말이지요.

이 따로 없어."

혹은 이렇게 수군댔을지도 모릅니다.

"저 이충석이란 녀석이랑 어울려 놀아서 그런가봐. 친구 잘 사귀어야지."

저로서는 억울하기 짝이 없는 일이지요.

지금 생각해보면 그때 그런 자식을 바라보는 부모님들의 마음이 얼마나 창피하고 아프셨을까요. 우리를 가르치던 주일학교 선생님들도 이런 말이 입에서 맴돌았을 것입니다.

"너희들 다음 주부터 교회 그만 나와라. 딴 애들까지 물들겠다."

다행히 아무도 우리에게 그런 말을 하신 분들이 없었고, 철없는 우리는 재미삼아서 교회를 열심히 다녔습니다.

그렇게 말썽을 피우던 아이들이 40대 중반이 되었습니다. 지금은 건실한 직장에 다니고 있고 신앙생활도 잘해서 교회의 기둥들이 되었습니다.

"요즘 아이들은 왜 그런지 모르겠어. 뭐가 불만인지 부루퉁해가지고 대답도 안 하고, 휴대폰만 들여다보고, 밤새 게임만 해대고. 우리 땐 그 정도는 아니었잖아?"

올챙이 시절은 다 까먹었습니다. 예전에 온갖 말썽을 부리던 우리를 어른들이 참아주신 것같이 이젠 우리가 다음 세대들을 참아줘야 할 때가 되었습니다. 지금은 한심해 보여도 20년 뒤에 그들이 무엇이 되어 있을지는 아무도 모릅니다.

영혼 구원은 가족이라 하더라도 쉬운 것이 아닙니다. 10년, 20년은 보통이고 30년을 기다릴 수도 있습니다. 그러다 혹시 하나님이 불쌍히 여기시면 그날이 단축될 수도 있습니다.

포도나무에 붙어 있기만 하면 언젠가는 열매를 맺습니다. 그때까지 사랑으로 기다려주고, 부디 꺾어서 버리지만 않는다면 말이지요.

섬김의 전도 비결 **8**

가족 전도라고 다르지 않다!

다른 사람을 전도할 때처럼 자주 찾아가고, 들어주고, 기도하고, 머슴이 되어주라. 더 중요한 것이 있다면 눈물로 강권하고 끝까지 참고 기다리는 것이다

행복한 동강교회 이야기 2

기적처럼 동강 언덕 위에 예배당이
세워졌습니다. 처음 이곳에 들어왔을 땐
핏빛 플래카드들이 휘날리던 곳이었습니다.
이 동네에는 절대로 예배당 같은 것은 들어올
수 없다는 곳이었습니다. 그러나 하나님은
친히 예배당이 어떻게 세워지는지
눈으로 보게 하셨습니다.
예수님이 피로 값 주고 사신 영혼들을
산골짝에 버려두지 말라고 밭두렁 예배
10여 년 만에 허락하신 예배당입니다.

9

천국 바로 밑 우리 교회

행복합니다

추석 연휴 끝에 아랫배가 심하게 아파왔습니다. 더 이상 참을 수 없어서 병원 응급실로 달려갔더니 맹장염이라고 하더군요. 수술을 해야 하는데 연휴 기간이라 환자들이 너무 많이 밀려 있어서 수술 방이 없다고 합니다. 열 시간 동안 고통을 참으려고 기도하며 버텼습니다. 가끔은 육신의 고통이 신앙에 도움이 될 때가 있습니다. 막연히 생각했던 '십자가 위의 예수님이 얼마나 아프셨을까' 하는 것을 육신으로 직접 경험하면서 묵상하게 되니까요.

   수술은 잘 되었지만 뭔가가 흘렀다고 의사 선생님이 애매하게 말씀하시더군요. 복막염이 의심되었나 봅니다. 입원 기간이 길어져서 두 주간 교회를 비워야 했습니다.

"우리 목사님, 우타 수술을 다 했소?"
"가보지도 못하고, 우리는 애가 말라 죽는 줄 알았소."
"목사님, 얼굴 다시는 못 보는 줄 알았고만. 애고, 얼굴이 반쪽이 래요."

주일예배에 오신 성도님들이 저를 마치 죽었다가 살아온 사람 반기듯 맞으며 눈물을 흘리고 얼싸안고 난리법석이었습니다.

강대상에 올라가려는데 박춘화 집사님이 저를 큰소리로 불렀습니다.

"목사님요, 배도 쨌은게 쪼깨만 씨부리고 고대 내려오드래요."

박 집사님의 걱정을 받아들여 저는 아주 짧게 설교를 하고 예배를 마쳤습니다. 그날 우리는 모두 행복했습니다. 저는 성도들의 사랑에 감격해서 행복했고, 성도들은 목사의 설교가 짧아서 행복했을 것입니다.

천국 바로 밑 우리 교회

"우리 교회는 천국 바로 밑에 있습니다."

제가 동강교회를 소개할 때 하는 말입니다. 예배당도 언덕 위 높은 곳에 있지만, 성도들 평균 연령이 65세일 정도로 할아버지 할머니들이 많습니다. 곧 천국에 들어가실 분들이지요. 그러니 천국 바로 밑에 있다는 말이 틀린 말은 아닙니다.

평생 눈만 뜨면 허름한 옷을 입고 밭에 나가 일만 하시던 어른들이 주일이면 고운 옷을 입고 교회에 나오십니다. 찬송가 한 곡을 한 달 내내 배워야 겨우 음을 맞추지만, 그러면 어떤가요. 노래도 맘껏 부르고, 전능하신 하나님께 기도도 드리고, 성경말씀도 듣습니다. 텔레비전이나 라디오에서는 흉한 뉴스들이 가득하지만 예배당에서는 소망과 사랑과 기쁨의 소식을 전합니다.

이곳에서는 주일에 안식한다는 말씀이 정말 마음에 와닿습니다. 농사 짓느라 고단했던 육신이 예배당에 와서 잠깐이라도 쉬게 되니까요. 걱정거리도 다 밭에 두고 오시라고 합니다.

예배 말미에는 잊지 않고 할아버지 할머니들에게 교회 용어를 복습 시켜드립니다.

"하늘님이 아니고 하나님!"

"하나님!"

"누구 이름으로 기도하지요? 예수님 이름으로!"

"예수님 이름으로!"

"목사가 말하는 것은 연설이 아니라 설교!"

"설교!"

"하나님께 드리는 돈은 기도비가 아니라 헌금!"

① 예배 시간에 기도하는 교인들
② 활짝 갠 어느 날 예배 후 교회 앞에서 교인들과 함께
③ 예배 후 함께할 점심식사를 준비하고 있다.

평생 눈만 뜨면 허름한 옷을 입고 밭에 나가 일만 하시던 어른들이 주일이면 고운 옷을 입고 교회에 나오십니다. 찬송가 한 곡을 한 달 내내 배워야 겨우 음을 맞추지만, 그러면 어떤가요. 노래도 맘껏 부르고, 전능하신 하나님께 기도도 드리고, 성경말씀도 듣습니다.

"헌금!"

몇 년째 반복하지만, 다음 주엔 또 다시 "목사님은 연설하시고, 나는 기도비를 냈다"고 하실 것입니다.

주일예배가 끝나면 어르신들은 저희 집에서 점심식사를 합니다. 보통은 제 어머님과 아내가 준비하지만 성도들이 감자전도 부쳐 오고, 가지나물도 무쳐 오고, 김치도 담아 오고, 어느 땐 강에 어망을 치고 매운탕도 끓여 오셔서 매주 푸짐한 식탁이 됩니다.

식사를 하면서 세상 돌아가는 얘기도 하고 교회 운영에 관한 얘기도 나눕니다. 오늘은 노총각인 이상균 이장님의 맞선 이야기로 꽃을 피웁니다. 도시에는 올드미스들이 넘친다고 하는데 농촌에는 결혼할 여성이 너무 부족합니다. 남자답게 잘 생기고, 신체 건강하고, 리더십도 있고, 믿음도 좋은 우리 젊은 이장님이 하나님께서 주시는 짝을 꼭 만나기를 서로 기도해줍니다.

성경에 '애찬'이란 단어가 나옵니다. 초기 그리스도인들이 성찬식이 끝난 뒤 한 자리에 모여서 음식을 함께 먹던 잔치입니다. 애찬은 원래 아가페에서 나온 말입니다. 아가페는 사랑을 뜻하지만 기독교의 공동식사도 의미합니다. 그러고 보니 같이 밥을 먹어야 사랑이 싹튼다는 말 같습니다.

저의 집 거실에 큰 상 두 개를 펴고 둘러앉아서 같이 밥도 먹고 얘기도 나누다보면 이게 정말 애찬이구나 하는 것을 느낍니다.

작고 초라해도 하나님이 지어주신 예배당에 성도들이 함께 모여 예배하고 애찬을 나누니 천국이 따로 없습니다.

오지 목사라고 알려진 저를 보고 사람들은 두 번 놀란다고 합니다. 생각보다 젊고 도회적으로 생겼다는 것과 양복을 깔끔하게 입고, 심지어 양복 상의 주머니에 포켓치프까지 꽂고 강단에 선다는 것이지요. 어떤 분은 파마까지 했냐고 물으시는데, 저는 원래 곱슬머리입니다. 농촌 교회 목사에 대한 편견을 깨고 싶어서이기도 하고, 주님 앞에 나갈 때는 신랑을 맞이하러 가는 신부의 마음으로 꽃단장을 하는 게 제 원칙입니다.

그러나 평소에 저를 만나러 동강에 오시는 분은 "여기 목사님 어디 계세요?" 하고 제게 묻습니다. 반바지와 '난닝구' 차림으로 밭둑에 앉아 있으니까요.

제가 깔끔하게 차려입고 병원에 심방을 가면 입원한 우리 성도들이 같이 입원한 환자들에게 자랑합니다.

"봐, 우리 목사님 젊고 잘 생겼지?"

우리 성도들 눈에 콩깍지가 씐 탓이지요. 그래도 교인들이 좋다면 저는 무조건 좋습니다.

신학교 동기들이 처음에는 저를 보고 걱정을 많이 했습니다. 다들 큰 교회로 가는데 저는 반대로 산골짜기로 들어가버렸으니까요. 혹은 '몇 년 버티다가 도시로 나오겠지'라고 생각했을 것입니다.

그러나 지금은 제게 이렇게 말합니다.

"네가 제일 행복한 목회를 하는구나. 성도들의 사랑을 받는 목사가 성공한 목사다. 어디 가서 이런 사랑을 받아보겠니."

저도 그렇게 생각합니다. 저는 행복합니다.

과부의 두 렙돈으로 지은
예배당

혼자서 오지를 다니면서 전도할 때는 굳이 예배당이 필요 없었습니다. 성도들과 만나 예배를 드리면 그곳이 교회가 되었으니까요. 또 무리하게 건축을 하다가 고통을 당하는 교회들을 보면서 저는 예배당을 지어야겠다는 소망을 갖지 않았습니다. 그러나 성도들의 가정이 늘어나면서 모일 곳이 필요했습니다. 행상을 하며 사역비를 충당하는 목사가 어떻게 예배당을 지을 꿈이나 꿀 수 있었겠습니까? 하지만 하나님은 저의 처지와는 상관없이 예배당을 짓기로 결정하셨나 봅니다.

예배당 하나가 설 때까지 얼마나 많은 기도와 눈물이 필요한 걸까요? 제가 중학교 때부터 다녔던 동성교회의 집사님 한 분이 아무 조건 없이 헌금을 하셨습니다.

"목사님 사역에 보태 쓰세요."

그 돈은 예배당 부지와 사택이 설 수 있는 씨앗이 되었습니다. 그 돈으로 사택과 교회부지의 계약금을 치렀습니다. 그러나 저는 종자 값밖에는 없는 농부였습니다. 중도금은 서대문교회의 적지 않은 헌금과 주위 분들의 도움으로 해결되었습니다. 그러나 잔금을 치를 기한을 넘겨 땅주인에게 각서를 세 번이나 써줘야 했습니다.

잔금을 못 치르면 그때까지 들어간 것을 다 포기해야 했습니다. 잘못하면 이 지역을 떠나야 할지도 몰랐습니다. 목사가 약속을 못 지키고 돈을 못 치렀다는 소문이 나면 견딜 수 없을 것 같았습니다. 아무리 애를 써도 돈은 턱없이 모자라고 더 이상 기댈 데도 없었습니다.

잔금 치를 날을 앞두고 저는 낙도선교회 일로 완도로 전도사역을 가야 했습니다. 모든 것을 하나님께 맡기고 완도로 떠났습니다. 하나님 뜻에 따르겠다고 맘을 먹으니 일주일 내내 마음이 편안했습니다. 낙도선교회 정기예배 때 신학생들의 눈물겨운 헌금 13만 8천 원을 들고 간절하게 기도했을 뿐입니다.

잔금을 치러야 하는 날, 아내에게 전화를 했습니다. 아내는 담담하게 말했습니다.

"아무 염려 말고 올라오세요."

하나님은 이 지역을 버리지 않으셨습니다.

명의변경 서류와 등기부 등본을 손에 들고 나오는데 눈물이 하염없이 흘렀습니다. 하루 종일 울다가 웃다가 하면서 기도했습니다.

그동안 마음고생 한 것과 하나님의 은혜 때문이지요. 그때까지 고생한 것으로는 교회 터만 마련했을 뿐이고 이제부터 건물을 지어야 했습니다. 하지만 하나님이 시작하셨으니 하나님께서 끝맺으실 것을 믿었습니다.

고추를 말리던 비닐하우스에서 개척예배를 드렸습니다. 얼마나 사람들이 와줄 것인지 불안했습니다.

2007년 1월 17일, 날이 밝았습니다. 성도들과 마을주민 50명이 찾아왔습니다. 제 눈에는 마을 주민들이 모두 몰려오는 것같이 보였습니다.

"저 구름같이, 비둘기들이 그 보금자리로 날아가는 것같이 날아오는 자들이 누구뇨." 사 60:8

비닐하우스 안에 사람들이 꽉 들어찼습니다. 등록한 성도가 그날만 20명이 되었습니다. 저는 감격했습니다. 그동안의 사역이 헛되지 않았습니다.

예배당은 그해 7월부터 총신대 농촌교회 선교회 소속 전도사들 다섯 분과 함께 한 달간 지었습니다. 건축기술이 있는 이재봉 전도사와 목수일 경험이 있는 류현도 전도사, 옥택호 전도사, 김학영 전도사, 60세가 넘으신 유동성 전도사(지금은 목사), 그리고 농번기라 눈코 뜰 새 없이 바쁜 우리 성도들이 농사일을 멈추고 와서 일손을 도왔습니다. 옥택호 전도사는 한쪽 팔이 없는데도 다른 한 손으로 철근을 날랐습니다. 우리 할머니 집사님들은 감자, 옥수수, 감자전

이름을 밝히지 않는 분의 헌금으로 교회 터를
살 수 있었습니다. 그 다음 개미들의 행진 같은
성도들의 소액 헌금들이 이어졌습니다.
비품들도 하나 둘씩 기증해주셨습니다.
지원나온 전도사들과 함께
터를 닦고, 바닥 콘크리트 타설을 하고,
벽을 세우고, 내장 작업까지 하면서
한 달 동안 교회를 지었습니다.

❶ 2007년 9월 15일, 동강교회 입당예배
❷❸ 총신대 '농촌교회 세우기 선교회'에서 나온 전도사들과 함께 터를 닦고, 바닥 콘크리트 타설을 하고, 벽을 세우고, 내장 작업까지 하면서 한 달 동안 교회를 지었다.

을 부쳐왔습니다. 그리고 제 손을 붙잡고 우셨습니다.

"우리가 돈도 없는 노인들이라 헌금도 못 하고… 애가 닳아."

건축자재를 싣고 온 기사님은 먼 길에 아내와 함께 와서 하룻밤을 저희와 함께 묵으셨습니다. 다음 날 제게 봉투 하나를 쥐어주고 가셨습니다.

"조금이지만 힘이 되라고 제가 가지고 있는 거 다 털었습니다."

봉투 안에는 3만 원이 있었습니다. 제게는 30억 같았습니다.

"우리 교회는 이렇게 지어지겠구나."

가슴이 떨려 차마 그 돈을 쓰지 못하고 성경에 끼워두었습니다.

모든 교회비품은 동성교회와 서대문교회 성도들과 후원자, 동역자들의 기증으로 채워졌습니다. 그 분들의 형편을 너무도 잘 압니다. 가난한 과부의 두 렙돈 같은 헌금과 헌물들을 저는 눈물로 받았습니다. 강대상은 제가 존경하는 동성교회 이만수 원로목사님이 쓰시던 것을 실어왔습니다. 모든 것은 넘치지도 모자라지도 않았습니다.

2007년 9월 15일, 입당예배를 드렸습니다. 그 전날 은혜의 단비가 과하게 쏟아졌습니다. 교회로 들어오는 하나뿐인 점제도로가 끊기는 바람에 120명의 하객들은 근처 예미의 한 식당에서 동성교회 이만수 목사님의 설교로 예배를 드리고, 교회에서는 최중림 목사님을 모시고 따로 예배를 드려야 했습니다.

기적처럼 동강 언덕 위에 예배당이 세워졌습니다. 처음 이곳에 들어왔을 땐 핏빛 플래카드들이 휘날리던 곳이었습니다. 이 동네에는 절대로 예배당 같은 것은 들어올 수 없다는 곳이었습니다. 목사인 저조차 산골에 예배당이 꼭 필요한가 의심했는데 하나님은 친히 예배당이 어떻게 세워지는지 눈으로 보게 하셨습니다. 예수님이 피로 값 주고 사신 영혼들을 산골짝에 버려두지 말라고 밭두렁 예배 10여 년 만에 허락하신 예배당입니다.

10

하나님이 주신 선물

수동마을 삼총사

동강 건너 수동마을에는 우리 교회 최고령 할머니 세 분이 사십니다. 가장 고령인 84세 정순남 집사님, 76세 김태산 집사님, 70세 박춘화 집사님입니다.

  수동은 뒤로 백운산을 등지고 앞으로는 동강이 흐르는 아름다운 마을입니다. 물이 풍부하다고 해서 수동水洞이라고 합니다.

  예전에는 가을걷이가 끝나면 마을사람들이 모여 섶다리를 만들어 세웠습니다. 물살이 세지 않고 강폭이 좁은 곳에 Y자 형의 물버들나무로 다릿발을 세우고, 소나무와 참나무를 엮어 골격을 만든 후 솔가지로 상판을 덮습니다. 그 위에 흙을 뿌려 잘 다집니다. 못 하나 쓰지 않고 도끼와 끌로만 만드는 그 다리는 이듬해 여름 큰물이 나면 떠내려갔습니다. 매해 그렇게 다리를 놓다가 동강 댐 계획이 백지화된 후 시멘트 다리가 놓였습니다. 예산이 없었는지 너무 낮게 다리를 놓다보니 비가 조금만 심하게 오면 다리가 잠겨 마을이 고립됩니다. 이번 여름에는 비가 많이 와서 40일 가까이 다리가 물에 잠겼습니다.

"내 이번에 목사님 얼굴 못 보고 죽는 줄 알았수다."

겨우 다리가 드러나 심방을 간 저를 붙들고 할머니 집사님들은 눈물을 보였습니다.

정순남 할머니는 동강 토박이입니다. 성격이 담백하고 솔직하지요. 왕할머니답게 거침 없고 당당하십니다. 몇 년 전, 할아버지가 병석에 누우셨을 때부터 심방을 다녔습니다. 움직이지 못하시는 할아버지와 함께 얘기도 하고 기도도 드렸습니다. 할아버지가 돌아가신 후 무척 외로워하던 할머니는 교회 건물이 세워지자 가장 먼저 예배에 나오셨습니다.

지난 여름 할머니는 심하게 앓으셨습니다. 병원에서도 병명을 모른다고 합니다. 노환일 것입니다. 드시는 것도 어려워서 늘 쇠약한 모습으로 병석에 누워 계시던 할머니가 제가 심방을 가니 어색한 걸음으로 문밖까지 나와서 맞이해주셨습니다.

"목사님 오셨네. 오늘이 주일이래요? 인자는 날 가는 게 가물가물해."

"오늘은 토요일이에요. 편찮으신 거 좀 어떠세요?"

"이제 곡식거리가 입으로 들어가니 좀 낫네요. 어휴, 곧 하나님나라 가는 것 같더니만 너무 아파서 기도했드래요. 하나님 이제 이 늙은이 좀 데려가주이소 하고. 근데 안적 때가 아닌가봐요."

"그래요? 저하고 좀 더 계시다가 오라고 하나님이 시간을 더 주셨나보네요."

"그런가보네. 목사님 얼굴 보니 이렇게 좋으니."

지금은 상태가 더 나빠져서 집에 누워 계시거나 영월 병원에 입원해 계십니다. 주일예배가 끝나고 제가 따로 찾아가서 예배를 봐드립니다. 일대일 맞춤 예배지요. 작은 교회가 할 수 있는 좋은 일이 목사가 성도들을 한 분 한 분 영적으로, 정신적으로, 육체적으로 돌봐드릴 수 있다는 것이지요.

"목사님이 오시면 난 그렇게 좋아. 목사님 연설 듣고 나면 하루가 그렇게 기쁘고 편안하고."

저는 할머니를 꼭 안아드립니다.

힘없고, 돈 없고, 건강도 나빠서 더 이상 이 세상에서는 쓸모없다고 소외된 노인들이 예수님을 영접하면 저는 정말 기쁩니다. 천국에 가시기 전에 예수님을 만났으니 얼마나 다행인가요. 죽음의 순간들을 많이 지켜본 저는 인간에게 죽음의 공포만큼 큰 두려움이 없다는 걸 알고 있습니다. 교회에 나와 전능하신 하나님께 예배하고, 죽음 이후의 삶을 소망하는 것이 얼마나 복된 인생의 마지막 여정인가요.

끝이 좋으면 다 좋은 법입니다.

바드리재 김태산 할머니는 키가 자그마하고 허리가 굽었지만 2천 평이 넘는 밭을 혼자서 지으십니다. 거기에 염소도 키우고, 토종꿀도 하시지요. 제가 가면 장독대 뒤에 숨겨놓은 로열젤리를 물에 타서 내오십니다. 제 전용으로 따로 떼어놓으신 것이지요.

"목사님, 저기 염소 한 마리는 장에 내다가 팔고, 한 마리는 목사님 드리려고 키우는 것이니까 잘 크게 기도해주세요."

저는 염소를 앞에 놓고 기도를 드리지요.

"하나님, 부디 염소들이 튼튼하게 자라서 우리 집사님 돈도 벌고, 저도 영양보충 잘 하게 해주세요."

할머니는 예수님을 전혀 모르시던 분이었습니다. 5년 전 할아버지가 돌아가시고 1년 동안 울면서 애통해하셨는데, 이젠 하나님께 많이 의지하고 계십니다.

긴 장마 끝에 햇빛이 반짝 나던 날 아내와 함께 집사님 댁을 방문했습니다. 할머니는 반갑게 맞이해주셨습니다. 할머니는 장마통에 캐지 못한 감자가 밭에서 썩고 있다고 걱정이 많았습니다.

"목사님, 감자 한 박스 담아 가시오. 성한 놈으로 추려논 게 있어요. 모양은 그래도 맛은 좋아요. 처음 캤으니 목사님이 먼저 드셔야지."

땅에 붙을 듯 허리를 구부리고 비탈진 밭으로 앞장서서 올라가셨습니다. 그 뒷모습에 마음이 짠했습니다. 밭에는 아침에 캔 감자가 무더기로 쌓여 있었습니다.

"요건 목사님 거, 요것도 목사님 거."

할머니는 천진난만하게 웃으면서 그 중 성한 놈들을 골라 박스 안에 넣으십니다. 하늘을 보니 또 비가 쏟아질 듯 구름이 몰려오기 시작했습니다. 감자는 비를 맞으면 안 됩니다. 저는 서둘러서 밭에 모아둔 감자들을 포대에 담아 집으로 옮겨드렸습니다. 할머니는 주름진 얼굴을 활짝 펴면서 기뻐하셨습니다. 감자 한 박스 값은 해드린 것 같았습니다.

할머니의 일을 도와주러 큰아들 내외가 가끔 오는데, 며느리가 불교신자라 시어머니가 교회에 나가는 것을 반대합니다. 제가 주일 아침에 모시러 가면 할머니가 언덕 위에서 기다리다가 저에게 오지 말라는 신호를 보냅니다.

"아들이 와서 교회 못 가게 하니까 그냥 돌아가세요."

며느리가 저를 보면 "왜 우리 어머니 교회에 데리고 가세요?" 하면서 화를 내기 때문이지요.

토요일에 할머니를 심방할 때면 저는 고민에 빠집니다.

"이거 아들이 오라고 기도를 해야 하나요, 아님 오지 말라고 기도를 해야 하나요? 할머니가 아들을 그렇게 기다리시는데 오지 말라고 기도할 수도 없고, 아들이 오면 교회에 못 나오시니 오라고 기도할 수도 없고."

애교가 많은 할머니는 이렇게 대답하시지요.

"목사님 좋으실 대로 하세요. 나는 예배당 가는 게 더 좋아요."

그러던 할머니가 최근에 아들에게 이렇게 말씀하셨다네요.

"나는 교회 믿고 천당 갈 테니 너는 너 믿는 대로 가라. 내가 살아 있는 한 나는 내 맘대로 교회 갈 거다."

제가 다 깜짝 놀랐습니다. 할머니가 아들을 눈 빠지게 기다리는 줄로 알고 있었는데 그렇게 말씀하신 것을 보면 복음이 정말 할머니의 마음에 심긴 것 같습니다. 마태복음 10장에 있는 말씀이 생각납니다.

"내가 세상에 화평을 주러 온 줄로 생각하지 말라 화평이 아니요 검을 주러 왔노라 내가 온 것은 사람이 그 아버지와, 딸이 어머니와, 며느리가 시어머니와 불화하게 하려 함이니 사람의 원수가 자기 집안 식구리라."34-36절

아들과 며느리가 복음을 모르기 때문에 반대하겠지요. 할머니 한 분으로 시작된 복음이 이 집안을 구원할 통로로 쓰이길 기도하고 있습니다.

박춘화 집사님은 당뇨합병증으로 눈이 잘 보이지 않습니다. 그런데도 주일에 성도들을 먹이려고 전도 부쳐 오시고, 옥수수도 삶아 오십니다. 건강할 땐 여장부였습니다. 덩치도 있고 성품도 적극적이지요. 설교할 때 큰소리로 "아멘"을 외쳐서 저를 격려해주십니다.

❶ 동강 토박이 정순남 집사님. 솔직담백한 성격에 거침없는 왕할머니. 교회 건축 후 가장 먼저 예배에 나오셨다.
❷ 바드리재 김태산 집사님. 키가 자그마하고 허리가 굽었지만 2천 평이 넘는 밭을 혼자 지으신다
❸ 박춘화 집사님. 적극적인 성품에 설교 때마다 큰소리로 '아멘'을 외쳐서 격려해주신다.

집사님 집에서는 마을에서 유일하게 아이들의 울음소리가 들립니다. 세 명의 손자, 손녀들의 돌에 제가 축복기도를 했습니다. 아이들의 소리가 끊긴 농촌에서 세 아이들의 돌잔치 축도를 다 제가 했으니 얼마나 행복합니까? 큰 손주 둘은 할머니 손을 잡고 교회에 나오고 있습니다.

이번 여름엔 비가 많이 와서 다리가 넘치는 바람에 한 달 동안 교회에 나오지 못하셨습니다.

한 달 만에 집을 찾아가자 박 집사님이 저를 얼싸안고 우셨습니다. 남편 이성희 집사님도 여러 번 수술을 받아야 할 정도로 몸이 안 좋습니다. 도시에서 내려와 농사를 짓는 아들이 아직 자리가 잡히지 않은 상태인데 두 분이 편찮으시니 경제적으로도 어렵습니다. 며느리도 일을 나가느라 예배에 참석할 수 없습니다. 그럼에도 불구하고 집사님은 교회를 섬기려고 애씁니다.

"나는 예배당이 없었으면 견디지 못했을 거예요."

주일에 차로 모시러 가는데 박 집사님이 길가에 앉아 계셨습니다.

"집에 계시지 왜 여기까지 나오셨어요?"

집사님은 손에 든 까만 봉지를 제게 건네셨습니다.

"참깨를 터니까 서너 되 나오네요. 하나님께 드리려고 가져왔어요."

보이지 않는 눈으로 참깨를 털어서 손으로 하나하나 돌을 골라서 한 됫박을 담아 오신 것이지요. 가슴이 저려왔습니다. 이렇게 귀한

깨를 어떻게 먹을 수 있을까요. 주님께 드리는 헌금과 헌물은 모두 귀합니다. 그 중 가난한 자의 헌금은 하나님께서 더욱 귀하게 보시지요.

우리 교회 주일헌금은 많아야 2-3만 원입니다. 꼬깃꼬깃한 천 원짜리들이지요. 흙이나 소똥도 묻어 있습니다. 얼마나 오랫동안 아껴 놓은 돈인지 아주 옛날 천 원짜리도 있고, 사각으로 접혀 있는 곳이 나달나달 닳아 있기도 합니다. 저는 그 헌금이 정말 힘들게 나온 것임을 잘 알고 있습니다. 그 위에 손을 얹고 간절하게 기도하지요.

"보리떡 다섯 개와 두 마리의 작은 생선을 받으시고 5천 명을 먹이신 예수님. 부디 이 가난하고 병든 우리 할머니들의 헌금을 기쁘게 받아주세요. 그 위에 넘치도록… 부디 넘치도록 복을 부어주세요."

저는 이런 분들 때문에 여기서 목회를 합니다. 깨끗하고, 어리고, 연약하지만 하나님과 저를 있는 힘껏 순수하게 사랑하는 우리 성도들 때문에 저는 삽니다.

박 전도사님

비닐하우스에서 예배를 드릴 때였습니다. 자그맣고 야무지게 생긴 할머니 한 분이 땀을 뻘뻘 흘리면서 교회를 찾아오셨습니다.

"여기 교회가 세워졌나요?"

"예, 어디서 오셨어요?"

"하미마을에서 왔는데요."

하미마을은 교회 맞은 편 동강을 건너야 갈 수 있는 마을입니다. 걸어서 두 시간이 걸리는 거리라 멀기도 하고 기존 감리교회가 하나 있어서 선교지에서 제외해둔 곳이었습니다.

"목사님이세요? 저, 예배드리러 왔습니다."

당시 65세였던 그 분은 지금은 우리 교회에서 전도사로 섬기고 계십니다. 박 전도사님은 군인인 남편을 따라 군부대를 전전하며 신앙생활을 하셨고 도시에서 전도사로 일하셨습니다. 자녀들을 훌륭하게 다 키워놓고 아무 연고도 없는 동강으로 내려오셨습니다. 남편과 손자, 손녀와 함께 우리 교회에 등록한 박 전도사님은 새벽예배에도 혼자 걸어오십니다.

저는 기도하는 가운데 박 전도사님이 하나님께서 보내주신 선물임을 알았습니다. 저 혼자 사역할 때는 외롭기도 하고, 남자 목사가 미치지 못하는 곳이 있어서 어려움이 있었습니다. 생전 처음 교회에 나오는 할머니 할아버지들에게는 훈련받은 여종이 꼭 필요했습니다. 박 전도사님은 우리 어머님과 같은 연배여서 노인들과 교감도 할 수 있고, 성경지식도 풍부하고, 신앙의 놀라운 기적도 체험한 분이라 권면에도 힘이 있습니다. 선교는 물질이 하는 것이 아니라 파송된 제자가 하는 것임을 몸소 보여주시는 분입니다.

박 전도사님은 교회 안에서 질서를 잡아주십니다. 특별히 목사인 저를 옛날 식으로 극진하게 섬겨주십니다. 저희 어머님과 장모님께도 저를 아들이나 사위로 무람없이 대하지 말고 목사로 대접하라고 가르치십니다. 무농약으로 농사를 지으시는데 고추, 마늘, 배추, 감자, 콩을 수확하면 항상 첫 열매는 하나님께 드리고 제 몫은 따로 떼어놓으십니다. 영적 권위를 세워주시는 것이지요.

처음에는 제가 당황했습니다. 부족하기 짝이 없는 젊은 목사를 대단한 주님의 종으로 대하시는 것이 부담스러웠습니다. "주의 종을 하나님 모시듯 하라"는 말에 제가 얼마나 알레르기 반응을 일으켰는지 모릅니다. 그런데 지나고 보니 제가 변하는 것을 느꼈습니다. 대접해주시는 대로 행하려고 애쓰게 되더라는 것이지요.

"목사도 인간이야" 하면 인간에서 벗어나지 못합니다. "목사는 주님의 종이야" 하면 주의 종답게 변합니다. 성도들이 목사를 믿어주고 존경해주고 대접해주는 것이 저는 채찍보다 무섭습니다.

박 전도사님은 이번 여름에 고혈압으로 쓰러지셨습니다. 37년 전에도 한 번 쓰러진 적이 있었지만 기도로 고침을 받았습니다. 이번에도 한동안 말씀을 못하고 다리를 질질 끌고 다니셨습니다. 이 부족한 종에게도 안수기도를 부탁하셨습니다. 주님이 꼭 낫게 해주시길 확신하면서 기도해드렸습니다. 전도사님은 강대상 옆에서 하나님께 울부짖었습니다. 이 기도를 들으셨는지 놀랍게도 전도사님은 점점 나아져서 이제 거의 회복되었습니다.

"하나님께서 더 열심히 일하라고 저를 일으켜주셨습니다."

주일예배에서 박 전도사님은 간증을 하고 특송으로 하나님께 감사를 드렸습니다.

"저 높은 곳을 향하여 날마다 나아갑니다. 내 뜻과 정성 모두어 날마다 기도합니다. 내 주여 내 발 붙드사 그곳에 서게 하소서…"

늙은 여종은 찬송을 부르다 말고 목이 메었습니다. 성도들이 함께 울었습니다.

황금보다
귀한 헌금

유영자 할머니는 83세입니다. 주일이면 동강이 내려다보이는 거실 창문에 꼭 붙어 계십니다. 다리를 건너오는 하얀 차를 기다리는 것이지요. 그 안에는 저와 아내, 박 전도사님 내외가 타고 있습니다. 우리가 마당에 들어서면 함박꽃같이 활짝 웃는 얼굴로 맞아주십니다. 어느 땐 펴지지 않는 다리로 억지로 서계시기도 합니다.

"우타 이래 늦게 오시나, 우리 목사님."

할머니는 박 전도사님이 전도한 분입니다. 예전에 저도 여러 번 찾아갔지만 불교를 믿는다고 얼마나 쌀쌀맞게 문전박대를 하셨는지 모릅니다. 할머니는 몸이 급격하게 나빠지자 "예수님 믿고 천당 가야 하는 것을 알았다"라고 간증하셨습니다. 걷지 못하시기 때문에 대신 주일이면 댁으로 찾아가 예배를 드립니다. 작년에 스스로 신앙고백을 하고 집에서 세례를 받으셨습니다.

"젊었을 때 믿었으면 얼마나 좋았을꼬. 예배당에도 가보고."

"목사와 할머니가 함께 예배드리면 여기가 예배당이에요."

"그래도 더 일찍 믿을걸. 잘 걷지도 못하니 천당 갈 때 삐딱빼딱 가면 예수님이 좋아하시나."

"걱정 마세요. 누워 있다가 가도 천국만 가시면 돼요."

할머니가 저에게 물었습니다.

"헌금은 어떻게 하나?"

"매주 예배 볼 때 천 원씩 하세요. 하나님은 부담스럽게 내는 헌금은 좋아하지 않으세요."

저희 교회는 소득이 없는 할아버지 할머니들이 대부분이라 매주 천 원으로 주정헌금을 정해드렸는데 이것도 어려워하는 분들이 많습니다. 그 천 원도 부담이 되는 분들에게는 "마음만 가지고 나오세요. 우리 하나님은 마음을 보시지 기도비를 받는 분이 아닙니다"라고 설명해드립니다. 그런데 할머니는 만 원을 봉투에 넣으셨습니다. 너무 많이 하시는 거 아닌가 제가 걱정이 되었습니다.

아니나 다를까 어느 날 박 전도사님이 걱정스럽게 말씀을 하셨습니다.

"목사님, 그 집 심방 가는 걸 고려해봐야겠어요. 할머니하고 며느리가 자꾸 싸운다고 해요. 헌금 때문에. 애써 농사 지어서 번 돈 다 교회 갖다 바친다고요."

농촌에서는 돈 만 원 벌기가 얼마나 어려운지 모릅니다. 감자줄기 한 소쿠리를 다듬어서 팔아도 5천 원 받을까 말까 하지요. 그런데 할머니가 만 원씩 헌금을 한다면 가족들이 싫어할 게 뻔합니다.

할머니는 큰아들 내외와 함께 살았는데 며느리는 아주 부지런하고 일을 잘했습니다. 함께 예배도 드리고 전도사님을 따라 교회도 나왔지만 돈 문제만큼은 양보가 없었습니다. 저도 충분히 이해를 합니다.

그래도 저는 '시어머니와 며느리가 다투면서도 연합의 계기가 올 것'이라는 확신이 들었습니다. 작정하고 더 열심히 찾아갔습니다. 믿음은 들음에서 난다고 했습니다. 싫으나 좋으나 무조건 매주 방문해서 예배를 드렸더니 며느리도 점점 신앙이 무엇인지 알아가고 있습니다. 할머니가 감사헌금 드리는 것을 봐도 이제는 웃습니다.

"목사님, 이거 주일에 성도들 점심에 반찬으로 쓰세요."

심방하고 나오는데 며느리가 노각을 몇 개 싸주었습니다. 얼마 전에는 콩국수를 만들어서 성도들을 대접해주기도 했습니다. 신앙이 들어가면 사람이 달라집니다. 너그러워지고 이웃을 사랑하는 마음이 생깁니다. 할머니의 큰아드님도 예전에는 밖에서 빙빙 돌더니 요즘에는 같이 예배도 드리고 아픈 허리에 안수기도도 받습니다. 며느리 김순희 성도는 올 부활절에 세례를 받았습니다.

올봄에는 구제역 때문에 수동으로 건너가는 다리가 폐쇄되었습니다. 석 달 동안 할머니를 찾아가지 못했습니다. 전화로만 안부를 물어볼 수 있었습니다. 구제역 막바지에 일본 도호쿠 지역에 큰 지진이 일어났습니다. 할머니는 노심초사하느라 병석에 누우셨습니다. 막내아들이 일본에서 음식점을 하고 있기 때문이지요.

겨우 구제역이 가라앉아 할머니를 찾아갔습니다. 할머니가 눈물로 맞아주셨습니다.

"우리 아들은 안전하게 잘 있대요."

할머니는 그동안 못했던 헌금을 성경 앞에 차곡차곡 넣어두었다가 우리에게 주셨습니다. 15만 원이었습니다. 매주 혼자서 헌금을 하신 것이지요. 헌금을 받아드는데 가슴이 떨렸습니다. 나는 이렇게 지극정성으로 헌금을 한 적이 있었던가? 스스로 회개가 되었습니다.

우리 교회도 가난해서 쓸 곳이 많았지만, 저는 이 헌금을 더 귀한 곳에 쓰고 싶었습니다.

"할머니, 이 헌금을 지진 피해 입은 일본에 하는 거 어떠세요?"

"거긴 돈 많은 사람들 많잖소. 우리 목사님이 더 힘들지."

저는 할머니의 헌금에 돈을 합해서 20만 원을 만들어 성금으로 냈습니다. 유영자 할머니 이름으로.

유영자 할머니는 요새 주일이면 동강이 내려다보이는 거실 창문에 꼭 붙어 있습니다.
다리를 건너오는 하얀 차를 기다리는 것이지요. 그 안에는 저와 아내, 박 전도사님 내외가 타고 있습니다.
우리가 마당에 들어서면 함박꽃같이 활짝 웃는 얼굴로 맞아주십니다.

11

내가 목사님을
전도했다우

교회 전화벨이 요란하게도 울렸습니다. 점제에 사는 욕쟁이 박영자 집사님이었습니다.

"목사님요, 내가 또 병원에 입원했어요. 여기가 영월의료원인데 걱정은 마이소."

박 집사님은 입은 좀 걸지만 노래도 잘하고 춤도 잘 춰서 마을 잔치가 있으면 왕년에 한 가닥 했던 것을 유감없이 보여주시지요.

성격도 괄괄합니다. 노무현 대통령이 돌아가셨을 때, 교회 문을 벌컥 열고 들어와서 "목사님, 지금 설교할 때가 아닙니다. 왜 노무현 대통령이 죽었는지 그 이유를 설명 좀 해주시오" 했던 분입니다. 그런데 재작년부터 관절염이 심해졌습니다. 1년에 열 달은 병원에 입원해 계시지만, 주일이면 교회에 오고 싶어 눈물이 난다고 합니다.

"저 부탁이 있는데요."

"뭔데요, 집사님."

"집에 옥수수 다 익어가는데 좀 팔아주세요."

집에 가보니 박 집사님 남편이 혼자서 약주를 한 잔 하다가 나를 보고 반가워하십니다.

"박영자 집사님이 옥수수 좀 팔아달라고 하는데 어떻게 하셨어요?"

"웬걸요. 안직 사나흘 남았드래요. 한 밭뙈기는 읍에 사는 정 씨가 와서 싹 걷어갔구요, 이제 한 밭뙈기 남은 거는 더 기다려야 하는데요."

"옥수수 따시면 30접은 제가 팔아드릴게요."

저희 동네 옥수수는 찰지고 맛있어서 인기가 좋습니다.

"애고, 목사님 신세만 지네요."

아웅다웅 싸워도 아내가 없으니 수척한 모습이 안 돼 보입니다.

"박 집사님 집에 안 계시다고 식사 거르고 술만 드시면 안 됩니다."

"그러지요."

"참, 오늘 교회에 손님이 오시거든요. 토종닭 두 마리만 잡아주세요."

"허허, 고맙습니다. 살펴 넘어가세요. 목사님."

박영자 집사님 부부는 백운산으로 오르는 등산로 옆에 집이 있습니다. 등산객을 상대로 토종닭, 매운탕 등을 파시는데 부부가 다 술을 좋아했습니다. 술에 취하면 손님하고도 싸우고 부부끼리도 싸움을 했습니다. 술이라는 것이 참 무섭습니다. 한국 교회가 술과 담배를 금하는 것이 참 지혜로운 일입니다.

집사님이 되기 전, 박영자 아주머니에게 전도하러 갔을 때의 일이 기억납니다.

"내 인생이 흘러 흘러 어쩌다가 여기까지 왔는고. 꿈도 많고, 집안도 좋고, 오빠는 투 스타고, 남동생도 다 잘나가는데, 나만 어쩌다가 이 꼴로 사는고."

아주머니는 술만 드시면 넋두리를 했습니다.

"내가 여기 와서 살 사람이 아닌데, 가슴이 터진다."

처음에 전도하려고 찾아갔을 때부터 아주머니는 술에 취해 있었습니다.

"도시에서 사셨다니까 혹시 예수님에 대해 들어보셨나요?"

"예배당? 나는 알지. 내가 여고를 다녔거든."

"아주머니를 위로할 방법이 저는 없지만 신앙생활을 하시면 술 담배보다는 낫습니다."

"집어쳐라 마. 내 살면 얼마나 산다고. 소주나 먹고 자빠져 자면 그만이다. 죽든지 살든지 상관마라."

그날은 욕을 바가지로 얻어먹고 쫓겨나왔지만 찾아가고 또 찾아갔습니다. 욕먹고 쫓겨나고, 욕먹고 쫓겨나고. 대한민국에 있는 모든 욕은 골고루 다 먹었습니다.

그러던 어느 날 아주머니 집에 들어가 보니 몹시 앓고 계셨습니다. 욕을 할 기운도 없어 보였습니다.

"제가 머리에 손을 얹고 기도해드릴게요."

아주머니는 힘없이 고개를 끄덕였습니다. 제가 머리에 손을 얹고 기도를 하는데 아주머니의 온몸이 불덩어리처럼 뜨겁게 달아오르더니 갑자기 순해진 느낌이 들었습니다. 아주머니도 뭔가 몸이 달라졌다는 것을 알고 놀라는 눈치였습니다. 기도를 마치고 용기를 내서 물었습니다.

"이번 주에 교회 한 번 나올랍니까?"

"…그러지예."

그렇게 예배당에 나오게 된 박영자 아주머니는 술과 담배를 딱 끊었고, 집사님이 된 지금은 술 냄새도 맡기 싫어합니다. 남편도 아내가 술을 끊어 고마워합니다. 등산객이 많은 주일에는 식당이 한창 바쁜데도 남편은 아내를 아침 일찍 깨워서 교회에 가라고 합니다. 어머니를 위해 기도를 많이 했지만 "설마 이 산골짝에 예배당이 생겨서 어머니가 교회에 나갈 줄은 꿈에도 생각 못했다"고 딸은 말합니다. 집사님의 생활도 점점 좋아지고 있습니다.

집사님 이웃에 교수님 한 분이 이사를 왔습니다. 그 집에 가려면 집사님 앞마당을 지나야 했습니다. 어느 날 집사님이 교수님을 붙들어 세웠습니다.

"당신 말이오, 우리 교회 안 나오면 이 길로 못 다닙니다."

막무가내였습니다. 신앙생활은 하지만 아직 입의 습관이 남아 있는 박영자 집사님의 거칠기 짝이 없는 인도로 교수님 부부가 교회에 나오셨습니다. 알고 보니 한신대에서 국문학을 가르치시는 조태영 목사님이었습니다. 안식년을 맞아서 공기 좋은 곳으로 내려오신 것이었지요.

하나님은 때를 따라 저에게 필요한 동역자를 보내주십니다. 교수님은 지금 동강교회의 협동목사로 시간이 있을 때마다 설교를 하십니다.

"아이고, 내가 목사를 다 전도했네. 세상에 목사 전도한 사람 있으면 나와보라고 해."

박영자 집사님이 기고만장하면 제가 한 마디 합니다.

"그건 전도가 아니라 인도예요."

"인도나 전도나 그게 그거지."

유세가 말도 못합니다.

"내 술 먹다가 죽든지 말든지 내삐두라"고 욕하면서 내쫓을 때 전도를 포기했다면, 예수님을 믿고 얼굴도 고와진 지금의 박 집사님을 볼 수 있었을까요?

박영자 집사님이 교회를 다녀서 술을 딱 끊었다는 소문을 듣고 같은 동네에 사는 최종학 할아버지가 혼자 예배당으로 찾아왔습니다.

"이제 교회에 다니고 싶은데 와도 됩니까?"

"왜 안 되겠습니까? 주님의 이름으로 환영합니다."

그동안 할아버지는 마을에 있는 절을 열심히 다녔습니다. 술을 너무 많이 마셔서 몸이 아픈 아내가 걱정이 되어 함께 나오고 싶다고 했습니다. 할아버지는 그날 등록한 이후로 한 번도 빠지지 않고 예배에 나옵니다. 주일에 할 일이 있으면 미리 해놓고 예배에 참석할 정도로 신앙이 생겼습니다. 작년 추수감사절에는 세례를 받으셨습니다.

최종학 할아버지는 우렁각시처럼 조용히 봉사를 합니다. 교회 앞마당에 풀이 무성하면 아무도 모르게 다 베어놓고, 교회에 땔감이 필요하면 슬그머니 나무를 경운기에 실어다가 쌓아놓습니다. 미련한 목사의 눈에도 그 선한 행동들이 보이는데 우리 주님이 못 보실 리 없습니다. 할머니는 교회 다니면서 몸이 많이 좋아지셨습니다. 그래서 그런지 다시 술을 좀 하십니다.

"우리 영감이나 교회 잘 다니면 됐지요."

할머니는 조금 더 기다려야 하나 봅니다. 그러나 곧 할아버지를 따라 바늘에 실 따라오듯 교회에 다시 오실 것입니다. 하나님은 한 번 택한 백성을 잊으시는 법이 없으니까요.

1 욕쟁이 박영자 집사님(앞)과 김태산 집사님(뒤)
2 우리 마을 젊은 이장 이재우 형제의 아들 이동호 군
3 하미마을의 젊은 일꾼 이상균 집사님
4 귀농해서 동강펜션에 자리를 잡은 변석종 씨 가족

필리핀 아내를 맞은 경훈 형제를 찾아갔습니다. 요즘 김치공장에 취직해 교회에 잘 나오지 못하고 있지요. 착하고 순수한 경훈 형제는 아내인 데실리와 함께 밭에서 일을 하다가 저를 반갑게 맞아주었습니다. 데실리는 마닐라에서 간호대학을 나왔다고 하는데 천주교인입니다.

"하이, 데실리."

"안녕하세요."

"일 힘들어요?"

"아니요."

저는 영어를 못하고 한국말이 서툰 데실리는 웃기만 합니다. 남편을 따라 교회에 몇 번 나왔는데 말이 안 통해서 그런지 요즘은 잘 안 나오고 있습니다. 대신 같은 필리핀 친구들이 있는 정선에 자주 놀러간다고 합니다.

농촌에 다문화가정이 늘어나면서 외국인 며느리들과 자녀들을 위해 교회도 뭔가 프로그램을 만들어야겠다는 생각을 합니다. 저도 데실리와 말이 통하기 위해 영어를 좀 더 공부해볼까 합니다. 이제 농촌교회 목사님들은 필수로 영어와 중국어를 공부해야 할 것 같습니다. 선교사들은 말이 안 통하는 해외로도 나가는데 복음을 위해 그 정도도 못하겠습니까?

동강펜션의 새 주인이 된 40대 부부가 교회에 나왔습니다. 대도시에 살아서 쉽게 사람을 믿지 못했는데, 진심으로 도움을 베풀어준 함길영 집사님과 정완순 권사님 부부를 '그냥 따라서' 예배당에 나왔다고 합니다. 진짜 전도지요.

남편은 젊었을 때 교회에 다닌 적이 있었지만, 아내는 교회에 나온 것이 이번이 처음이라고 합니다. 그런데도 아내가 먼저 예배당에 나가자고 했다네요.

"믿고 안 믿고는 나중 문제인 것 같네요. 우선 일주일에 한 번 성경말씀을 듣는 게 참 좋네요. 좋은 공기만 몸에 좋은 게 아니라 좋은 말씀이 몸을 정화시키는 걸 느낍니다."

큰아이는 정선에 있는 고등학교에 다니고, 작은아이는 KBS 프로그램 〈1박 2일〉에 나왔던 예미초등학교 운치분교 3학년입니다. 포항에서 살 때는 큰 학교에 다녔지만, 지금은 세상에서 제일 행복한 초등학생이라고 합니다.

"전교생이 9명이에요. 언니 오빠 하면서 친형제자매처럼 지내요. 아이가 집에 돌아와서 빨리 또 학교에 가고 싶다고 해요. 그런 말 처음 들어요. 선생님과 일대일로 공부를 하니까 재미도 있고 실력도 붙어요. 오후 4시까지 학교에서 특기교육도 시켜주는데, 영어는 원어민 선생님이 오시고, 무용도 배우고, 논술, 컴퓨터에 골프까지 가르쳐줘요. 돈이 한 푼도 안 들어요. 이런 학교가 어디 있나요? 정말 사람들한테 여기로 전학 오라고 권하고 싶어요."

남편은 영문학을 전공하고 학원을 운영했다고 합니다. 아이들에게 성적보다는 인성교육이, 1등 하는 것보다 좋은 성품을 기르는 것이 얼마나 중요한지 알면서도 도시에서는 어쩔 수 없었다고 합니다.

"우리 아이가 입술을 까맣게 물들이고, 손에는 오디가 가득 든 비닐봉지를 들고 행복한 얼굴로 뛰어오는 모습을 보았던 그날이 제게는 가장 기뻤습니다. 이게 진짜 학교구나 하고요."

두 부부는 성경공부도 하고 싶어 합니다. 희망이 생겼습니다. 잘하면 저의 꿈이었던 제자훈련도 할 수 있을 것 같습니다. 그동안은 교회의 중심이 토박이 할아버지 할머니들이었는데, 이제 젊은 40대 성도들이 늘어나고 있습니다.

도시에서 귀농을 한 정철수 집사님과 신연오 집사님 부부도 있습니다. 농촌은 텃세가 만만치 않습니다. 그러나 교회를 통해 두 분은 이 지역에 자리를 잘 잡을 수 있었습니다. 신연오 집사님은 이곳에 와서 교회에 대한 부정적인 생각이 많이 바뀌었다고 합니다. 농사가 잘 되고 안정적으로 정착이 되면서 이제 새 집도 지을 예정입니다.

이재우 이장님 부부와 이상균 이장님 부부도 있습니다. 새로 이사 와서 어린 아들과 함께 조용히 예배만 드리고 돌아가시는 아주머니 한 분도 있습니다. 그 분들 가운데 여러 가지 사정이 있어 교회에 열심히 나오지는 못하는 분들도 있지만, 저는 오래 기다리는 데는 이골이 난 사람입니다.

❶ 점제마을 최종학 집사님 부부. 할아버지가 먼저 교회를 찾아오셨다.
❷ 귀농하여 새 집을 짓고 계시는 신연오, 정철수 집사님 부부
❸ 교회는 안 나와도 항상 도움을 주시는 우리 마을 노인회장님 부부(왼쪽)와 정완순 권사님

10년 전 이원재, 박영자 집사님을 만나 밭두렁에서 예배드리던 때를 기억합니다. 그때는 이렇게 아름다운 예배당에서 40명에 가까운 성도들과 함께 예배를 드리리라곤 꿈도 못 꾸었습니다. 이제부터 10년 뒤에 그 젊은 성도들의 이야기가 어떻게 전개될지는 아무도 모릅니다. 오직 하나님만 아실 것입니다.

12

또 하나의 땅 끝

오지란 어떤 곳일까요?

　얼마 전 〈1박 2일〉이란 프로그램에서 오지탐방을 한 적이 있습니다. 두 번이나 강원도 정선군 동강유역으로 왔습니다. 저희 교회가 있는 곳이지요. 한 번은 예미 초등학교 운치분교에, 또 한 번은 줄배를 타고 들어가는, 세 가구가 사는 가정마을에 왔습니다. 〈선생 김봉두〉라는 영화도 근처에서 촬영했으니 제가 사역하는 곳이 오지인 게 확실한 것 같습니다.

　보통 오지라고 하면 지역상 외따로 떨어진 곳을 뜻하지요. 그러나 선교 차원에서 볼 때는 교회가 없거나 아직 복음이 들어가지 못한 지역을 오지라고 합니다.

　저는 신학교에 다닐 때부터 오지와 낙도사역을 했습니다. 1984년 신학생들이 자발적으로 만든 낙도선교회에 소속되어 지금까지 25년 동안 50여 차례 낙도에 들어갔습니다. 제가 신학원에 다닐 때는 낙도선교에 보통 200명씩 지원을 했습니다. 요즘은 그 숫자가 많이 줄었습니다. 아마도 해외선교로 나가는 것 같습니다.

해외선교도 중요합니다. 예수님을 모르는 곳이라면 어디든 가야 하는 것이 전도자의 사명이니까요. 그러나 우리 땅에도 복음이 들어가지 못한 오지들이 있고, 그 안에는 예수님 이름도 듣지 못하고 죽어가는 영혼들이 너무도 많이 있다는 사실을 알아야겠습니다.

우리나라의 낙도는 사람들이 사는 유인도가 있고, 무인도가 있습니다. 대략 유인도는 440여 개인데 그 가운데 교회가 있는 곳이 240곳, 아직 교회가 없는 곳이 200여 곳입니다. 교회가 없는 200여 곳은 교회 세우기가 어려운 곳이라 순회사역으로 감당하고 있습니다.

미신이 강하고 주로 무당들이 세를 잡고 있는 섬에 기독교를 전하러 들어가는 것이 쉬운 일은 아닙니다. 금기도 많습니다. 기독교를 전하러 들어갔다가 몽둥이로 얻어맞기도 하고 돌팔매도 당합니다. 배에서 내리자마자 주민들에게 쫓겨나오기도 합니다. 바다란 곳이 삶과 죽음이 순식간에 갈리는 위험한 곳이라 배를 타고 나가는 어부들은 "칠성판을 등에 지고" 간다고 말합니다. 바다로 가장을 내보내는 가족들도 영적으로 예민할 수밖에 없습니다.

그렇게 힘든 낙도선교에 청춘을 바친 낙도선교회 소속 목사님들과는 거의 10년 이상 같이 영적전투에서 생사고락을 같이한 전우들입니다. 현재 낙도선교회는 섬과 오지에 26명의 목회자를 파송했고, 50여 군데의 섬 목회자들과 네트워킹이 되어 있습니다. 2008년에는 복음선인 등대호 1호가, 2010년에는 2호가 섬을 순회하면서 선교사역을 하고 있습니다.

낙도에는 그동안 전도자들의 눈물과 수고로 교회들이 많이 들어섰습니다. 지금은 그 교회들이 든든하게 서가도록 다지기 작업을 하고 있습니다. 이제는 시야를 넓혀서 우리나라 내륙에 있는 오지로 눈을 돌려야겠습니다. 대표적인 오지들은 강원도 일대와 영주, 봉화, 풍기, 단양 등 경북지역, 충북지역 등 험준한 산골에 많이 있습니다. 섬은 주민들의 숫자와 가구 수와 집의 모양까지 다 파악되지만, 내륙의 오지는 어떤 사람들이 얼마나 살고 있는지 전혀 파악되지 않은 상태입니다.

세계지도에서 우리나라를 찾아보면 얼마나 작은지요. 그 안에 강원도는 점으로 보입니다. 그 한 점 크기만한 강원도를 중심으로 20년 동안 사역을 했지만 10분의 1도 다니지 못했습니다. 정선군만 해도 행정리 안에 자연부락이 487개나 있습니다. 이름이 있는 것만 그렇다는 것입니다. 대부분이 스무 가구 미만인데, 제가 살고 있는 동강 건너 골짜기에는 10킬로미터에 걸쳐 한 집씩 흩어져 있습니다. 어쩌다가 만나는 주민을 붙들고 물어봅니다.

"여기로 죽 가면 사람 사는 집이 또 있나요?"

"고대 또 나와요."

아직도 여기가 끝이구나라고 생각해보지 못할 정도입니다.

우리나라에 리里 단위의 동네는 약 3만 6천여 개입니다. 그 안에 부락 수를 평균 4개 정도로 쳐도 전국적으로 14만 개가 넘는 자연부락이 있다는 통계가 나옵니다. 과연 그 안에 복음이 들어간 곳은 얼마나 될까요? 제가 사역하는 강원도의 복음화율은 3.5퍼센트에 지나지 않습니다. 이 가운데 리 단위 밑에 속해 있는 480여 개의 부락들은 95퍼센트 이상이 미전도부락입니다.

오지선교는
이렇게

오지로 들어가기 위해서는 우선 선교하고자 하는 곳을 정한 후 직접 발로 다녀보는 정탐사역을 해야 합니다. 처음에 저는 무작정 강원도로 떠났습니다. 5년 동안 화천, 양구, 인제 등으로 돌아다니다보니 먼저 범위를 정하고 계획적인 정탐과 순차적인 사역이 필요하다는 사실을 깨달았습니다. 그래서 댐 문제로 고통을 받고 있던 정선군 동강을 중심으로 마을주민들에게 선교를 해야겠다는 결정을 내렸습니다.

우선 5만분의 1 지도에서 동강의 시작점부터 끝점까지의 마을들을 모두 표시했습니다. 동강은 남한강 상류인 조양강과 정선군 남면의 동남강이 가수리에서 만나 운치리, 고성리, 덕천리를 지나 평창 진탄나루를 거쳐 영월까지 이르는데, 흔히 동강이라고 부르는 광하대교부터 삼옥리 어라연까지 약 140여 개의 마을이 있습니다. 그 가운데 혼자서 훑고 지나갈 수 있는 범위를 8개의 리와 그 안의 50개의 마을로 정했습니다.

지도에서는 아주 간단해 보였습니다. 그런데 막상 발로 밟아보니 상상을 초월할 정도로 지역이 넓었습니다. 정선군 하나만 하더라도 앞으로 20-30년은 더 걸릴 사역지였습니다.

그 다음은 정선군청에 가서 제가 가고자 하는 마을들에 관한 자료를 얻었습니다. 이장님들의 주소, 마을회보, 특산물, 관광지 소개, 그 고장의 내려오는 전설과 민요, 민담들, 평균 강우량, 일조량, 홍수피해, 강의 범람, 작물거래 가격과 유통구조, 그리고 최근의 사건들까지 주민들과 대화할 자료라면 무엇이든지 입수했습니다.

그 자료들을 공부하면서 1년 동안은 지리적인 정탐을 했습니다. 주로 교회가 있는지 없는지, 교회가 있다면 사역을 활발하게 하는지, 아니면 이름만 걸어놓은 교회인지, 목사님은 어떤 분인지 하는 교회 사정과 주민들이 어떤 삶을 사는지 등을 살펴서 기초자료를 만들었습니다.

제가 들어갈 곳에는 세 개의 교회가 있었습니다만, 그 가운데 하나는 기도처였고, 또 한 군데는 교회의 역할을 하지 못하는 곳이었습니다. 실제로 50개의 마을 가운데 한 교회만 살아있었는데 그나마 지역이 너무 넓어서 협력사역이 필요했습니다. 교회의 손길이 미치지 못하는 지역부터 들어갔습니다.

그 다음은 마을주민들의 일을 도우면서 그 분들과 교류하기 시작했습니다. 정탐사역 중에는 그 지역주민들이나 교회 정서를 벗어나는 일을 해서는 안 됩니다. 배타적인 주민들의 의심을 풀어주고, 유기적 관계가 원활하게 이루어져야 본격적인 선교에 들어갈 수 있습니다. 섬기는 마을이 많기 때문에 계획을 세워서 요일별로 정한 날에 정한 마을로 들어갔습니다. 주님의 일은 질서가 있어야 합니다. 이렇게 해야 주민들도 그날이 되면 전도자를 기다리게 됩니다.

오지선교의 방법은 여러 가지가 있습니다. 보통 사역자가 가정 하나 하나를 방문하는 일대일 선교, 그 다음에는 여름과 겨울에 기간을 정해서 들어오는 단기선교, 전도자를 파송해서 순회하는 순회사역, 어느 정도 전도가 이루어지면 교회를 세우거나 아니면 기성교회에서 평신도 사역자들이나 전도사, 신학생들을 파송해서 매주 성도들과 예배를 보며 사역을 이어가는 입양사역이 있습니다.

제 경우에는 일대일 선교로부터 시작해서 거점을 마련하고, 순회하면서 예배를 봤습니다. 사이사이 여러 교회와 선교단체에서 단기선교로 농촌활동을 와주어서 큰 도움을 받았습니다.

오지 목회는 외롭습니다. 단기선교로 와주는 전도자들과 청년들이 마치 농사할 때 비료를 주는 것처럼 적절한 영양을 공급해주었고, 이것이 제게 격려가 되었습니다. 그리고 10년이 지나서야 예배당을 세우게 되었습니다.

오지선교를 위해 도시의 교회들에게 바라는 것이 있습니다. 선교비 후원도 중요합니다만, 그보다 더 필요한 것이 사람입니다. 훈련 받은 전도자들을 파송해주었으면 합니다. 농촌교회 사정상 부교역자를 세울 재정이 못 됩니다. 돌볼 영혼들은 많은데 혼자서 감당하기가 벅찹니다. 신학교에 재학 중인 사역지가 없는 젊은 신학도들이나 평신도 사역자들을 교회가 후원하여 주말마다 단기 파송을 해준다면, 저는 더 깊은 오지까지 들어가 정탐하고 순회하면서 주님의 사역을 확장할 수 있을 것입니다.

정탐사역부터 시작해서 예배당을 세우는 데까지 시간은 얼마나 걸릴까요? 아무도 모릅니다. 오직 주님만 아십니다. 한두 해 걸릴 일이 아니라는 것만은 확실합니다.

제 친구 목사 한 분은 시골에서 목회를 하고 있는데, 4년 동안 교인이 한 명도 없었습니다. 어느 날 동기 모임에 나오지 않아서 전화를 걸어봤더니, 성도 한 명이 와서 그 분을 심방하느라 못 왔다고 합니다. 좋아서 어쩔 줄 모르더군요.

지난 달엔 54세 되신 목사님 부부가 저를 찾아오셨습니다. 단양 근처에서 목회한 지 한 달이 지났는데 교인이 한 명도 없다고 합니다. 꽤 큰 마을의 아파트 상가 2층에 예배당을 마련하고 시작하셨는데, 무슨 좋은 방법이 있을까 해서 저를 찾아오신 것 같습니다.

'겨우 한 달밖에 안 되었는데 성격도 급하시지.'

저는 걱정이 가득한 목사님을 보며 속으로 생각했습니다.

제 경험에 비추어 이런 말씀을 드렸습니다.

우선 예배당을 포기하고 단양보다 훨씬 더 오지로 들어가는 것이 좋겠다고 했습니다. 세계선교도 처음 시작하는 곳은 도시 같은 센터보다는 위성도시 같은 사이드 선교가 효과적입니다. 지금 그 목사님이 시작한 교회는 도시도 아니고 농촌도 아닌 애매한 곳이었습니다. 다른 사람들이 절대로 가지 않는 깊숙한 지역, 교회가 없는 곳부터 시작해야 합니다. 정탐하고, 일대일로 전도해서 거점을 잡고, 순회 사역을 하고, 성도들이 생기면 그 다음에 예배당을 세워야 합니다.

제 생각으로는 4킬로미터, 즉 10리 이내에 스무 가구 미만의 마을이 5-6개 정도 있고 성도가 여러 가구 이상이면 예배당을 세울 수 있다고 봅니다.

오지일 경우, 예배당를 먼저 세우고 교인들을 모으는 것은 불가능합니다. 의사가 왕진을 나가듯 찾아가야 합니다. 저도 예배당부터 세우고 선교를 시작했다면 2년 정도 하다가 손을 털고 나왔을 것입니다. 성도가 없으면 목사가 지치게 됩니다.

요즘 직장에서 은퇴하고 목회를 시작하는 분들이 많습니다. 하나

❶ 아주 오래 전, 수동마을에 전도하러 갈 때 건너다니던 간이 다리
❷❸ 오래 전, 순회사역 중에 만났던 할아버지와 그 분의 집

목회의 길을 가는 신학생들은 오지의 순회사역이나 입양사역을 꼭 한 번 경험해보았으면 합니다. 국내에도 미전도부락이 얼마나 많은지, 그곳에 사는 한 사람의 성도가 얼마나 귀한지, 하나님이 그 성도 한 사람을 얼마나 사랑하시는지, 한 사람을 전도하는 것이 얼마나 기쁜 일인지 몸으로 체험하게 될 것입니다.

님의 은혜를 뒤늦게 맛보고 주의 종이 된 것은 축하할 일이지만, 목회를 한다는 현실은 녹록하지 않습니다. 그런 분들은 나이가 50-60대라 기존 교회의 부교역자로 나가기도 어려워 개척을 많이 하십니다. 다들 하나님의 부르심에 따라서 결정을 하겠지만, 저는 그 분들에게 귀농목회를 권하고 싶습니다.

우선 예배당이 없는 농촌지역을 택해 집을 얻습니다. 농촌은 빈집도 많고 전세도 쌉니다. 텃밭도 조금 얻어서 농사를 지으며 동네사람들 속으로 들어갑니다. 처음 농사를 짓는다면 이웃사람들에게 겸손하게 배웁니다. 사람들은 자기가 잘하는 것을 가르치면 은근히 좋아합니다. 그렇게 정을 쌓으면서 전도를 합니다.

여력이 있다면 지역을 넓혀 순회목회를 겸하셔도 좋습니다. 은퇴를 하셨으니 자녀들 교육걱정은 없을 것 같고 최소한의 생활비만 있어도 오래 버틸 수 있습니다. 5년, 10년이 지나 성도들이 모이면 집터에서 작은 예배당을 시작하는 것도 가능할 것입니다. 교회를 세우지 않더라도 덩그러니 빈 예배당에서 오지 않는 성도를 기다리며 애를 태우는 것보다는 훨씬 더 행복하고 건강하고 보람 있는 목회를 할 수 있을 것입니다.

국내 오지선교는 상상을 초월할 정도로 많은 일들이 기다리고 있습니다. 국내선교는 해외선교에 비해 장점이 많습니다. 말이 통하고, 문화가 같고, 무엇보다 비용이 적게 듭니다. 교통이 좋아서 자주 찾아가고 지속적으로 성도들을 돌볼 수 있습니다.

해외선교도 꼭 해야 하는 일이지만 국내의 오지 속으로 들어가 선교하는 일도 못지않게 중요합니다. 한동대 유장춘 교수님이 청년 50명을 데리고 저희 교회에 오신 적이 있습니다. 국내의 오지 현장을 방문함으로써 글로벌에만 둥둥 떠 있는 학생들을 한번 가라앉힐 필요가 있다고 하셨습니다.

매해 쏟아져 나오는 수많은 신학생들이 과연 어디서 다 사역을 하고 있을까요? 도시의 큰 교회만 바라보다가 뜨거운 열정을 다 소진하고 있는 것은 아닐까요?

목회의 길을 가는 신학생들은 오지의 순회사역이나 입양사역을 꼭 한 번 경험해보았으면 합니다. 국내에도 미전도부락이 얼마나 많은지, 그곳에 사는 한 사람의 성도가 얼마나 귀한지, 하나님이 그 성도 한 사람을 얼마나 사랑하시는지, 한 사람을 전도하는 것이 얼마나 기쁜 일인지 몸으로 체험하게 될 것입니다. 오지마을의 7-8가구 정도를 맡아서 3년 정도 사역을 하고 나가면 영혼을 품는 목회자로서의 자세와 마인드를 충분히 채울 수 있습니다. 아마 평생 쓸 수 있는 설교제목도 나올 것입니다.

우리 동강교회는 오지선교센터를 겸하고 있습니다. 산속 마을에 들어갔다가 잘 곳을 얻지 못해 구멍이 숭숭 뚫린 폐가나 남의 집 처마 밑에서 자던 고생을 생각하면서 전도자들에게 최소한 잠자리와 먹을 것을 제공하는 베이스캠프 역할도 하고, 제가 그동안 쌓아둔 강원도 오지에 관한 정보들을 가지고 세미나를 열기도 합니다. 선교에 꿈이 있는 분들은 국내 오지선교에 도전해보기를 권합니다. 할 일이 참 많습니다. 하나님께서 일꾼들을 부르고 계십니다.

13

요즘 밀짚모자는 안 써요

농촌봉사를 앞둔 총신대 학생들에게 특강을 한 적이 있습니다. 40명 정도가 모였습니다. 참 고마웠습니다. 다른 학생들은 방학을 맞아서 아르바이트도 하고 해외여행도 가는데, 귀한 시간과 자기 돈을 들여 농촌에서 봉사하며 전도하겠다고 결심한 그 자체가 얼마나 귀해 보였는지 모릅니다.

"혹시 집이 시골이라 농사를 지어본 학생 있으면 손들어 보세요."

딱 한 명이 손을 들었습니다.

도시에서만 살던 학생들이 농촌봉사활동을 오기 전에는 반드시 오리엔테이션이 필요합니다. 의욕만 가지고는 봉사든 전도든 민폐만 끼치게 됩니다.

농촌은 아무래도 환경이 도시와는 달리 불편한 것들이 많습니다.

파리나 모기 같은 벌레도 많고 뱀도 나옵니다. 저희 교회에도 멧돼지들이 출몰합니다. 잠자리도 불편합니다. 에어컨도 없고, 매일 샤워를 할 수 없고, 화장실도 수세식이 아닌 곳도 있습니다.

몸도 힘들지만 영적으로도 힘든 것들이 있습니다. 4박 5일 동안 봉사도 하고 전도도 했지만 딱히 눈에 보이는 결과물이 없을 수 있습니다. 영적으로도 흐린 분들이 많고, 예수님을 영접했다고 해도 엉뚱한 말씀을 하는 분들도 있습니다. 생각지도 못한 억울한 일도 생깁니다. 이런 것들을 미리 알고 농촌봉사를 오는 것이 좋습니다.

강의가 끝나고 준비물에 관한 질문이 있었습니다.
"복장은 어떻게 합니까?"
봉사팀 회장이 대답했습니다.
"일 바지를 단체로 구입하기로 했습니다. 목장갑도 다 진행팀에서 준비합니다."
"그럼, 밀짚모자는요?"
"아, 그걸 빼먹었네요. 단체로 구입하도록 하겠습니다. 그런데 밀짚모자는 어디서 구입하나요?"
제가 한 마디 거들었습니다.
"요즘 농촌에서 누가 밀짚모자를 쓰나요? 안 씁니다."
"그럼 뭘 쓰고 일하나요?"
"〈6시 내 고향〉에 나오는 거 못 봤나요? 모자에 수건이 달려서 얼굴 다 가리는 거 있잖아요. 그걸 씁니다."

"아, 그렇군요."

농촌활동을 오는 교회 청년부의 계획표를 보면 보통 이렇습니다. 첫날은 도착해서 짐을 풀고, 여는 예배를 간단히 보고, 마을을 한 바퀴 돌면서 인사를 드리는 정도로 끝납니다. 여는 예배에서는 "부디 비가 오지 않아 사역을 잘할 수 있게 해달라"고 기도합니다.

둘째 날부터 농활이 본격적으로 시작되는데 아침 6시에 기상, 7시에 경건의 시간을 잠깐 갖고, 아침을 먹고, 설거지 하고, 이것저것 준비해서 9시부터 일손을 돕는 것으로 되어 있습니다. 그것도 선크림 바르고, 모자 쓰고, 목장갑 끼고 하느라 더 늦어질 때도 있지요. 아침 9시가 도시의 청년들에게는 이른 시간이겠지만 농촌의 일상은 훨씬 일찍 시작됩니다. 점심은 오후 1시에 먹는 것으로 되어 있고, 5-6시 정도에 일을 마치고, 숙소에 돌아와서 7시에 저녁을 먹고, 잠시 쉬었다가 저녁 프로그램을 돌립니다. 마을어른들 모셔다가 연극도 하고, 장기자랑도 하고, 영화도 보여드리지요. 마지막 날에는 마을잔치를 하는 것으로 되어 있습니다. 밤 10시, 11시에 모든 프로그램이 끝납니다. 청년들은 그 밤에 하루평가회나 기도회를 갖고 12시쯤 취침을 합니다.

아마 대부분 농촌활동의 팀들이 이런 계획표를 짜고 올 것입니다. 그런데 현실은 어떨까요? 한여름 농번기에 농촌 어른들은 보통 4

시 30분에 일어나 새벽 5시면 밭으로 나갑니다. 해가 본격적으로 오르는 10시 30분 정도까지 일하다가 집으로 돌아와 잠깐 휴식을 취하지요. 해가 약간 기운 오후 3-4시가 되면 다시 밭으로 나갔다가 해가 지는 8시까지 일을 합니다.

그러니 아침 9시가 넘어서 밭에 나간 청년들은 한 시간 반 정도 일을 도울 수 있을 뿐입니다. 해가 뜨거운 12시나 1시까지 일하다가는 일사병으로 쓰러집니다. 여자 청년들은 얼굴에 잡티가 확 올라올 것입니다.

비가 오면 사정이 달라집니다. 많이 쏟아지면 밭에 나갈 수 없고, 살살 뿌릴 정도면 하루 종일 일을 합니다. 봉사팀이 진짜 농사일을 돕고 싶으면 맑은 날을 달라고 기도할 것이 아니라 살짝 비가 오게 해달라고 기도하는 것이 맞습니다.

일손 돕기도 만만한 것은 아닙니다. 어떤 게 시금치고 어떤 것이 잡초인지, 어떤 것이 콩이고 어떤 것이 감자인지 잘 모를 테니까요. 저도 처음 농사일을 도와드린다고 고추밭에 들어갔다가 엄청 야단 맞고 쫓겨나온 적이 있습니다. 가을이라 빨간 고추를 따야 하는데 파란 고추를 열심히 딴 거죠.

청년들이 밭에 들어가면 어르신들이 신경을 많이 쓰십니다.

"도와주러 온 것은 고마운데, 아이고… 밭이나 망가뜨리지 말아야 할 텐데."

농사일을 돕는 봉사는 청년들보다는 농사 경험이 있는 집사님들이 하는 게 더 도움이 됩니다.

저녁 프로그램은 농촌 어른들에게는 잘못하면 고역이 될 수 있습니다. 하루 종일 고된 노동을 하고 9시면 주무셔야 하는데, 도시에서 온 청년들이 간곡하게 부탁을 하니 저녁에 교회로 오시기는 합니다.

예전에 왔던 어떤 봉사팀은 외국영화를 돌렸습니다. 더빙이 되어 있으면 그런대로 봤을 텐데 자막처리가 된 것이었습니다. 노인들이 이해하기 어려운 외국영화에다가 한글 해독도 못 하시는 분들도 있는데 자막까지 보려니 얼마나 힘이 드셨을까요? 모두 한잠 푹 주무시고 말았습니다.

잔치음식도 노인들이 드실 만한 것으로 준비해야지 스파게티나 햄버거, 샐러드, 소화가 잘 안 되는 질긴 음식은 조심해야 합니다. 아마도 평소에 드시던 것과 다른 특이한 음식을 대접하고 싶어서 그렇게 준비했을 테지만 그다지 환영은 받지 못합니다.

이곳에 사시는 분들은 삼계탕도 별로 좋아하지 않습니다. 닭을 먹으면 풍이 온다는 속설 때문에 피하시는 분들도 있고, 이곳에서 먹는 토종닭에 비해서 도시에서 준비해온 양계 닭은 솔직히 별로 맛이 없습니다. 산골 어른들은 비린 것도 좋아하지 않습니다.

저도 음식 대접 때문에 낭패를 본 적이 있습니다. 완도 근처 당사도로 선교를 나갔을 때 주민들에게 잔치국수를 대접해드린 적이 있었습니다. 다시마에 멸치를 넣고 육수를 내서 온갖 고명을 올려 국수를 상에 내놨습니다.

그런데 어르신들 표정이 떨떠름했습니다.

"머여? 국수 국물 요런 거 우린 안 먹어부러."

어른들은 국수 국물을 따라 버리고 맹물에 설탕을 타서 거기에 국수를 말아 맛있게 드셨습니다. 아차, 했습니다. 선교하러 나간 곳의 식습관을 무시한 탓이었습니다.

제가 보기에는 이곳의 어르신들이 만드신 음식이 영양가도 좋고 훨씬 맛이 있습니다. 그 분들이 잘 드시는 현지 시골음식을 대접해 드리는 것이 좋겠습니다.

마을잔치라고 해서 교회에서 음식을 차리고 어른들을 모시는 것도 어렵습니다. 음식이 귀했을 때는 모르겠습니다만 지금은 시골 사람들도 잘 먹습니다. 그걸 먹으려고 밤에 먼 길을 나오기 귀찮아하십니다. 오히려 음식을 만들어서 집으로 가져다 드리거나 직접 그 집에서 저녁을 차려서 같이 먹는 것이 좋습니다. 개인적으로 접촉하는 시간을 많이 갖는 것이 효과적이라는 것이지요.

제가 청년 시절 때만 해도 농촌봉사를 나가면 할 일이 많았습니다. 농사일뿐만 아니라 마을 길이나 화장실도 고치고 지붕에 페인트도 칠했습니다. 아이들도 많아서 여름성경학교도 할 수 있었습니다.

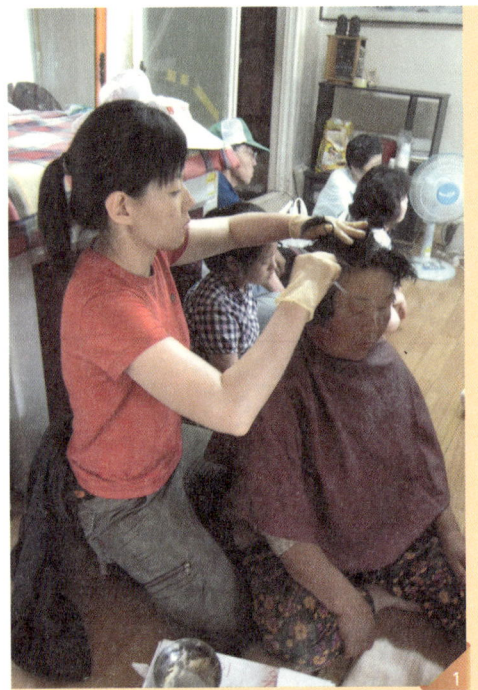

❶ 여름에 봉사수련회 왔던 로뎀교회 선교팀의 한 자매가 마을 주민들의 머리를 손질해주고 있다.
❷ 각 집을 다니며 수도, 전기 보수 공사를 해주기도 한다. 교회 마당에서 수도 공사를 하는 모습
❸ 마을 주민들이 밭일 하러 간 곳으로 도시락을 싸다주기 위해 반찬을 준비하고 있다.

지금은 상황이 많이 달라졌습니다. 집들도 현대식이고, 농사도 기계로 많이 합니다. 그래서 농활을 하려면 단순하게 농사일을 돕는 봉사 말고 달리 더 다양한 봉사가 필요합니다.

제가 볼 때 가장 인기가 있는 봉사는 의료봉사입니다. 농촌에는 노인들이 많고, 대부분 허리나 팔, 다리 등이 아프십니다. 마사지나 침, 뜸, 지압 등을 해드리면 좋습니다. 특히 노인들이 좋아하시는 것은 링거를 맞는 것입니다. 영양제를 놔드린다고 하면 아무리 바쁜 농번기라 하더라도 다 오십니다. 한 번 주사를 꽂으면 2-3시간이 걸리므로 그 옆에서 얘기도 들어드리고 기회가 되면 복음도 전하면 효과가 좋습니다. 하루 일이 다 끝나는 시간에 집을 방문해서 마사지를 해드리는 것도 어른들이 좋아하십니다.

가전제품을 고쳐주는 봉사도 인기입니다. 시골집에는 고장 난 전자제품이 방치된 것들이 많은데 기술을 가진 분들이 돌아다니면서 고쳐주면 참 고마워합니다. 할머니들에게는 미용봉사가 역시 인기가 있습니다. 읍내에 나가기 힘든 할머니들에게 파마와 염색, 커트를 해드리고 얼굴에 마사지를 해주면 좋아하십니다.

가장 인상에 남았던 봉사는 집사님들이 도시락을 싸서 점심 때 밭으로 날라주는 것이었습니다. 시원한 얼음물과 음료수도 함께 싸서 갖다 드렸는데, 돈을 그리 많이 들이지는 않았지만 진심으로 마을사람들이 고마워했습니다.

농촌교회와 주민들을 도와주는 방법은 여러 가지가 있지만, 도시교회가 농촌교회와 지속적으로 협력하는 것도 바람직합니다. 한 지역을 꾸준하게 몇 년 동안 집중적으로 도와주었으면 합니다. 일손이 필요할 때, 홍수나 가뭄으로 고생할 때, 그때그때 도와주고, 농산물을 직거래해서 안정적으로 구매해주는 것도 봉사의 한 방법일 것입니다. 마트에서 사는 것보다 품질이 떨어지고 고르지 못해도 선교에 동참하는 마음으로 사주었으면 좋겠습니다.

예전에 영정사진을 찍어주는 봉사팀이 온 적이 있습니다. 한 분 한 분 사진을 찍어주고 현상까지 해서 액자에 넣어 보내줄 정도로 성의를 다하셨는데 마을 분들의 반응이 영 안 좋았습니다. 우리 마을 할머니 한 분은 사진을 저희 집에 버리고 가셨습니다.

"목사님이나 두고 보드래요."

제가 보기에도 문제가 있었습니다. 사진을 찍으신 분의 철학이 할머니 할아버지들의 얼굴을 꾸밈 없이 있는 그대로 찍는 것이었나 봅니다. 사진에 주름과 검버섯, 일하다가 생긴 상처가 그대로 드러나 있었습니다. 예술성은 있었는지 모르지만 '뽀샵 처리'를 전혀 안 해서 그런지 노인들은 더 늙고 초라해 보였습니다.

영정사진이란 것이 죽은 다음에 자손들이 두고두고 봐야 하는 것인데 비록 실물과는 다르더라도 예쁘고 멋있게 나오고 싶은 것이 사람의 마음 아니겠습니까? 이런 봉사는 현지의 정서를 이해하지 못한 데서 나온 것이었습니다.

예배당을 막 지었던 해, 청년 봉사팀이 왔습니다. 마을 끝 산 밑 구옥에 치매기가 있어서 오락가락 하던 할아버지 한 분이 계셨습니다. 청년들이 이 할아버지를 집중적으로 도와드리기로 했습니다.

청년들이 보기에 할아버지 집이 너무 누추하고 지저분해서 가재도구를 다 들어내고 깨끗하게 청소를 했습니다. 그런데 할아버지가 자기 옷 주머니에 넣어두었던 돈 5만 원이 없어졌다고 펄펄 뛰기 시작했습니다.

"목사가 이 도적놈들을 보내가지구 내 돈 훔쳐 갔다."

막무가내로 화를 내는 할아버지를 달래봤지만 소용없었습니다. 할 수 없이 제가 돈을 물어드렸습니다. 억울한 누명을 쓴 청년들은 망연자실할 수밖에 없었습니다. 순수한 마음으로 도와드렸는데 돌아온 것은 도둑놈 누명이었으니까요.

그 분은 치매기가 있어서 더 그렇지만, 대부분의 노인들은 의심이 많고 오래 된 것도 잘 버리지 않습니다. 그러니 도배나 집안청소를 해드릴 때는 더럽다고 아무것이나 버리지 말아야 합니다. 도시에서는 재활용품에 불과한 신문지나 헌 잡지, 페트병, 비닐봉지와 같이 우리 눈에는 아무 쓸모없는 것이라도 그 분들에게는 소중한 물건일 수 있습니다.

아직도 잊혀지지 않는 아픔이 있습니다. 3년 전, 부평의 한 교회에서 청년들이 선교를 왔습니다. 저는 그때 다른 교회의 부흥회를 하러 타지에 나갔고, 저와 함께 동역하는 전도사가 교회를 지키고 있었습니다. 여름이라 날이 무척 더웠습니다. 청년들이 동강에서 물놀이를 하다가 그만 두 명이 물에 휩쓸려 익사하고 말았습니다. 그전에 비가 와서 동강의 물이 많이 불어 있던 상태였습니다. 죽은 청년 가운데 한 명은 부모님이 예수님을 믿지 않는 가정이었습니다. 그 분들이 애통해하는 것을 차마 볼 수 없었습니다.

청년들이 선교하러 왔다가 목숨을 잃었다는 것이 교회와 제게 큰 충격이었습니다. 그 일로 전도사 한 분이 동강교회를 떠났고, 저는 불면증을 앓았습니다.

교회에 들어오려면 사고지점을 지나쳐야 합니다. 한동안은 그곳을 바라보지도 못했습니다. 지금은 거기에 멈춰 서서 두 청년의 영혼을 위해서 기도하고, 주님이 이 일에 주시는 교훈을 묵상하곤 합니다.

선교는 해외로 가든지, 국내로 가든지, 위험한 곳으로 가든지, 안전한 곳으로 가든지 항상 조심해야 합니다. 전도는 영적싸움이기 때문에 생각지도 못한 일들이 벌어지기도 합니다. 겸손하게, 들뜨지 말고, 계획적으로, 또 질서 있게 해야 합니다.

아프가니스탄이나 아프리카로 선교와 봉사를 하러 갔다가 불의의 사고로 돌아가시는 분들의 기사를 보면서 얼마나 안타까운지 모릅니다. 그러나 참새 한 마리가 팔리는 것에도 주님의 뜻이 있다는 것을 저는 믿습니다. 또한 그 분들의 죽음이 결코 선교를 멈추게 하지 않는다는 것도 알고 있습니다. 말할 수 없는 아픔을 겪었지만 저 역시 이곳에서 주님의 사역을 계속해 나가야 할 것입니다. 그것이 청년들의 죽음을 헛되이 하지 않는 것이고 주님의 선하신 뜻일 것입니다.

제가 강조하는 것은 봉사나 전도나 너무 큰 욕심을 내지 말라는 것입니다. 무엇을 도와준다는 생각을 하지 말고 농민의 일상과 복음에 소외된 분들의 아픔을 함께 느껴보는 것이 농활의 목적이었으면 합니다. 소박하게 선교하고 좀 불편하게 생활하는 것이지요.

또 섬기러 가는 곳의 조건과 관계없는 봉사나 선교가 되어서는 안 됩니다. 우월한 위치에서 쌀이나 치약, 비누 같은 생필품을 나눠주고 사진이나 찍고 생색을 내는 것은 봉사가 아닙니다.

여러 번 말씀드리지만, 지키지 못할 약속은 절대로 해서는 안 됩니다. 고추, 감자, 배추를 팔아드린다는 약속, 약을 보내겠다는 약속, 잘 아는 의사가 있어서 편의를 봐드리겠다는 약속, 노총각 아들에게 중매를 서겠다는 약속 등등 일단 입 밖에 낸 약속은 꼭 지켜야 합니다.

"할머니, 내년에 또 올게요."

청년들이 순수한 마음에서 약속을 했어도 할머니들은 잘 잊지 않습니다. 다음 해 여름이면 제게 한 마디 하시지요.

"올해 또 온다고 해놓고… 그 청년들 실없네."

전도한다고 만나자마자 4영리를 들이대는 것은 의미가 없습니다. 며칠 봉사하고 그 마을을 다 전도시킨다는 환상도 금물입니다. 예수님의 심정으로 그 분들을 위로하고, 며칠만이라도 농촌에 사시는 분들과 진심으로 삶을 나눈다는 자세가 중요합니다.

농촌봉사는 뭔가를 주러 왔는데 더 많은 것을 배우고 가는구나, 했을 때가 가장 성공한 것입니다.

에필로그

나는 기적입니다

토요일 저녁, 중곡동 동성교회에서 청년부 예배를 인도하고 있었습니다. 교육전도사 시절이었습니다. 설교 도중, 회사원 차림의 젊은이가 불쑥 들어왔습니다. 처음 보는 청년이었습니다. 그 청년은 맨 뒷자리에 비스듬히 앉았습니다. 눈으로는 저를 바라보고 있었지만, 예배에 참여하는 것도 아니었고 설교를 듣는 것 같지도 않았습니다.

'무슨 사연이 있는 사람인가보다.'

예배가 끝나면 꼭 만나야겠다고 생각했습니다.

"형제님, 오늘 저희 예배 처음 나오셨나요?"

예배를 마치고 그 청년에게 다가갔습니다. 술 냄새가 훅하고 끼쳤습니다.

"혹시 D고등학교 나왔습니까?"

그가 물었습니다.

"네, 그런데요."

"이충석 맞냐? …나 모르겠냐?"

다시 한 번 그 청년을 봤지만, 술기운에 얼굴이 벌건 낯선 청년일 뿐이었습니다.

"죄송합니다, 잘 모르겠는데요."

"나도 D고 나왔는데. 기억이 안 나냐?"

그 청년이 빈정대듯 말했습니다.

"참, 너 같은 놈이 어떻게 목사가 되냐? 말도 안 돼. 내가 너한테 얼마나 심하게 얻어맞았는데 그것도 기억 못하는 놈이."

얼굴이 화끈 달아올랐습니다. 그러고 보니 기억이 날 것 같았습니다. 고등학교 시절은 제게 블랙홀과 같이 어둡고 떠올리기조차 싫은 부끄러운 시간들이었습니다.

"미안하다. 용서해다오."

저는 그 친구 앞에 무릎을 꿇었습니다.

"지금 실컷 때려라. 네 분이 풀릴 때까지 내가 맞을게."

그 친구는 퇴근하다가 우연히 교회 주보를 봤다고 합니다. 거기서 전도사인 제 이름을 발견하고 확인하러 들어온 것이었지요.

"어떻게 이게 가능한 일이냐? 주먹이나 휘두르던 불량배인 네가 목사가 되다니…."

무신론자인 동창 녀석은 도저히 믿기지 않는 얼굴이었습니다.

"그것이… 가능하다. 나도 몰랐다. 내가 목사가 될 줄…. 너를 때리던 그때 이충석도 내가 맞고, 지금 여기 앉아 있는 이충석도 내가 맞다. 의심의 여지가 없다. 하나님은 그런 분이시다."

그 친구와는 이후에 여러 번 다시 만났습니다. 친구는 결국 예수님을 믿게 되었습니다.

저는 고등학교 1학년 때 학교를 그만두었습니다. 폭력 때문이었습니다. 술 마시고, 싸움하고, 애들 돈 뺏고, 길 가다가 나를 두 번만 쳐다봐도 쫓아가서 때렸습니다. 나를 찾아왔던 친구는 아마 그때 맞았나봅니다. 왜 그렇게 엇나갔는지 지금도 모르겠습니다.

어느 날 친구와 함께 가다가 5명과 싸움이 붙었습니다. 실컷 때려 주고 나서 호기 있게 한 마디 던졌습니다.

"맞은 거 억울하면 D고등학교 1학년 몇 반으로 와."

월요일에 학교에 갔더니 3학년 선배가 제 이름을 불렀습니다.

"따라와."

3학년 교실로 들어서자마자 문이 닫혔습니다. 그 안에서 집단폭행을 당했습니다. 팔이 부러졌습니다. 제가 때렸던 사람이 우리 학교 선배들이었습니다. 맞은 것이 분해서 학교 앞에서 기다리다가 또 싸움을 했습니다. 학교 밖에서는 제가 때리고, 학교 안에서는 선배가 때렸습니다. 폭력의 악순환이었지요.

그때 우리 학교는 소위 스카이대학에 170명씩 보내는 신흥명문이었습니다. 그런 학교에서 저를 환영할 이유가 없었습니다. 특히 담임선생님은 저를 싫어했습니다. 저를 악의 축으로 보셨습니다. 한 번이라도 "네가 왜 그러느냐"라고 이유도 묻지 않으셨습니다. 선도하려는 사랑의 매라도 때려줬다면 덜 서운했을 것입니다. 그러나 선생님은 가차 없었습니다.

"우리 학교에 너 같은 망나니는 필요없다. 본보기로 퇴학시키겠다."

그 다음 날로 저는 자퇴를 했습니다.

학교를 뛰쳐나온 후, 저는 동네 의상실에 취직했습니다. 집은 가난하고, 고등학교 중퇴 학력으로 갈 곳이 없었습니다. 기술을 배워야 했습니다. 그 의상실은 유명한 여성복 브랜드로 옷들을 납품하는 곳이었습니다. 시다부터 시작해서 재봉과 재단까지 배웠습니다. 7년 후에는 숙련공이 되었습니다.

일을 하면서 검정고시를 봤습니다. 다섯 번이나 연거푸 낙방을 했습니다. 다른 과목들은 다 점수가 좋았는데 수학 한 과목이 계속 50점을 넘지 못했습니다. 실망스러웠습니다. 이제 마지막으로 한 번만 더 보고 그만두기로 했습니다.

여섯 번째 시험을 앞두고 친구 성일이가 저를 교회에 데려갔습니다. 지하 예배실에서 무작정 기도를 했습니다.

"하나님, 이번에는 꼭 붙여주세요. 열심히 살아서 정말 좋은 사람이 되겠습니다."

'정말 좋은 사람', 그것이 구체적으로 어떤 사람인지는 몰랐지만 진심이었습니다.

합격을 했습니다. 간절하게 기도하면 하나님께서 정말 들어주신다는 것을 알았습니다. 그 다음부터 교회에 가면 설교가 귀에 쏙쏙 들어오고 은혜를 사모하게 되었습니다.

청년부에서 수련회를 갔습니다. 산에서 기도를 했는데 나도 모르게 회개가 터져 나왔습니다. 이상했습니다. 잘못이라고 생각하지도 못했던 일들까지 생생하게 떠오르면서 가슴이 터질 것 같았습니다. 학교 다닐 때 애들 때리고, 못 살게 굴고, 남의 돈을 뺏은 일들, 수갑 차고 경찰서 드나드는 못난 모습을 보여줘 어머니를 힘들게 한 일, 그 모든 일들이 떠오르며 울음이 나왔습니다. 밤새 몸부림을 치면서 회개를 했습니다. 그 밤에 하나님은 제 안에 있던 수치와 부끄러움, 격한 성정, 폭력성, 열등감을 타작마당의 곡식처럼 털어내셨습니다.

예전의 이충석은 그날 죽었습니다.

"그런즉 누구든지 그리스도 안에 있으면 새로운 피조물이라 이전 것은 지나갔으니 보라 새 것이 되었도다." 고후 5:17

수련회에서 돌아와 세례를 받았습니다. 1984년 4월 14일, 제가 다시 태어난 날입니다.

음성으로 농촌봉사를 갔다가 흰돌교회 이수일 목사님을 만났습니다. 처음에는 마을 이장님인 줄 알았습니다. 작업복에 낡은 운동

화를 신고 마을을 돌면서 일손도 돕고 농부들과 대화도 하고 밭둑에 앉아 스스럼없이 기도를 해주시는 모습이 신선한 충격이었습니다.

'양복을 입고 넥타이를 맨 목사만 있는 것은 아니구나.'

어렴풋이 농촌목회에 마음이 열렸습니다. 기도할 때마다 목사가 되고 싶었습니다. 목사가 되려면 신학교에 진학해야 하는데 집안형편상 대학에 간다는 건 사치였습니다. 1년간 고민하면서 가슴앓이를 했습니다. 그러나 마음의 소망을 가라앉힐 수 없었습니다.

직장에서 사흘간 휴가를 받아 무작정 기도원으로 올라갔습니다. 철야를 하면서 작정기도를 했습니다.

"하나님, 목회를 하고 싶습니다. 그런데 돈이 없습니다. 1년 동안 아무리 애를 써도 이 갈망이 사라지지 않습니다. 하나님, 도대체 제가 어떻게 해야 하나요? 무엇을 해야 하나요? 갈 길을 보여주세요."

덜컥 서원을 했습니다.

"제게 길을 열어주신다면 낙도와 오지에서 복음을 전하겠습니다."

새벽 3시쯤 문득 눈을 뜨고 하늘을 보는데 새카만 하늘에 성경구절이 주욱 펼쳐졌습니다. 요한복음 15장 16절 말씀이었습니다.

"너희가 나를 택한 것이 아니요 내가 너희를 택하여 세웠나니 이는 너희로 가서 열매를 맺게 하고 또 너희 열매가 항상 있게 하여 내 이름으로 아버지께 무엇을 구하든지 다 받게 하려 함이라."

결국 직장을 그만두었습니다. 어머니의 반대를 무릅쓰고 신학교에 진학했습니다. 하나님은 등록금을 하늘에서 거저 내려주지는 않으셨습니다. 대신 제게 벌 수 있는 힘을 주셨습니다. 화장품 대리점, 막노동, 점원, 식당 서빙까지 닥치는 대로 일을 해서 등록금과 생활비를 벌었습니다. 폐가 망가지고 귀가 안 들렸습니다. 휴학과 등록을 반복하면서 총신대학원까지 졸업하는 데 10년이 걸렸습니다.

저는 기적입니다. 아무도 제가 사람노릇을 하리라고 믿지 않았습니다. 어머니도, 제 자신조차도.

하나님은 신앙이 아니면 인간쓰레기밖에는 될 수 없었던 저를 택하셨습니다. 그렇게 못 볼 꼴을 다 보여주었는데도 아내는 저와 결혼을 해주었습니다. 다 알고 있으면서도 장인, 장모님은 저를 사위로 맞아주셨습니다. 그런 저를 모교회인 동성교회에서는 교육전도사로 일하게 해주었습니다. 온갖 말썽을 피던 불량배 시절을 다 보셨건만 교인들은 제 설교를 들어주시고 "아멘"으로 화답해주셨습니다. 동강교회를 개척할 때는 헌금으로 도와주시고, 시집가는 딸에게 혼수를 해주듯 냉장고부터 밥솥, 숟가락, 방석까지 다 갖추어 보내주셨습니다.

도대체 제가 무엇이관대 이렇게 넘치는 사랑을 받습니까?

제가 한 일은 교회에 붙어 있었던 것뿐이었습니다. 부끄럽고 창피해도 은혜의 자리에 버티고 있었더니 은혜를 체험했습니다. 도망가

이제 할머니도 아셨습니다.
사랑하는 사람에게는 예수님을 전해야 한다는 것을!
싫어해도, 미워해도 자꾸 찾아가 만나야 전도가 된다는 것을!
진심으로 오지 전도자가 되어 생명을 구하는 일에 저를 보내신 주님께 감사했습니다.
진심으로 저는 행복합니다.

면 안 되는 걸 알았습니다. 신앙생활 하다가 낙심하는 일이 있어도, 부끄러운 일을 당해도, 심지어 죄를 범해도 결코, 결코, 결코 주님과 교회를 떠나서는 안 됩니다.

교육전도사로 있을 때 고등부를 맡았습니다. 심방기록부를 보다가 제가 맡은 학생회 임원인 한 여학생의 아버지 이름을 발견하고는 숨이 막히는 줄 알았습니다.
"오, 하나님, 어떻게 이런 일이!"
바로 저를 퇴학시켰던 담임선생님이었습니다.
학교를 그만두고 그 선생님에 대한 미움이 극에 달한 적이 있었습니다. 칼을 품고 학교 앞에서 서성거리기도 했습니다. 퇴근하는 선생님을 만나 본때를 보여주려고요. 하나님께서 막아주지 않으셨다면 큰일 날 뻔했습니다.

원수 갚는 것조차 내게 맡기라고 하신 하나님의 말씀이 옳았습니다. 아예 원수를 사랑하라는 예수님의 말씀이 맞았습니다. 그때 제가 칼을 휘둘렀다면 지금의 저도 없고, 신앙생활 잘하는 여학생의 가정도 큰 불행을 당했을 테니까요.

그때는 용기가 나지 않아서 그 여학생의 가정심방을 하지 못했습니다. 지금은 그 선생님을 한번 만나고 싶습니다. 마음에 있던 멍울이 다 풀렸으니까요.

"당신이 악의 축이라고 퇴학을 시켰던 제가 이렇게 변했습니다.

미안해하지는 마세요. 그때 저는 정말 앞날이 보이지 않는 문제 학생이었으니까요. 그런 저를 하나님이 택하셨습니다. 오지의 소외된 사람들을 찾아가 아름다운 소식을 전하는 목사로 만드시려고요. 저는 기적입니다. 하나님은 살아계십니다."

추석을 앞둔 주일에 하미마을 유영자 할머니를 찾아가 예배를 드렸습니다. 그날도 할머니는 창가에 꼭 붙어 앉아서 동강을 내려다보며 저를 기다리고 계셨습니다. 밭에서 일하다가 급하게 돌아온 큰아들과 며느리도 함께 예배를 드렸습니다. 며느리는 막 익은 포도와 방울토마토를 대접해주었습니다. 할머니가 제 손을 꼭 붙들고 말씀하셨습니다.

"우리 목사님, 다음 주도 꼭 오세요."

"다음 주는 추석 전 날이라 다른 아드님과 며느리들이 다 올 텐데 괜찮으시겠어요?"

할머니의 다른 자식들은 교회에 다니지 않습니다.

"어머님, 삼촌들이 싫어하잖아요. 추석 끝나고 오셔야 될 것 같네요."

큰 며느리가 말했습니다. 그런데 할머니가 이렇게 말씀하시네요.

"싫어하는 사람도 자꾸 만나야 해. 그래야 믿지. 얘들 싫어해도 오셔야 해요. 우리 목사님, 추석에도 꼭 오세요."

이제 할머니도 아셨습니다. 사랑하는 사람에게는 예수님을 전해야 한다는 것을!

싫어해도, 미워해도 자꾸 찾아가 만나야 전도가 된다는 것을!

진심으로 오지 전도자가 되어 생명을 구하는 일에 저를 보내신 주님께 감사했습니다.

진심으로 저는 행복합니다.

"주께서 생명의 길로 내게 보이시리니 주의 앞에는 기쁨이 충만하고 주의 우편에는 영원한 즐거움이 있나이다." 시 16:11

■

〈좋은씨앗〉은 하나님의 말씀입니다. 이 말씀이 좋은 마음밭에 떨어져 하나님의 나라가 땅 끝까지 확장되고 예수 그리스도를 본받아 그 향기를 품은 성령의 사람들이 세상에 넘쳐나길 기대합니다. 그래서 백 배, 육십 배, 삼십 배의 결실을 맺길 소망합니다(마 13:18). 천국은 좋은 씨를 제 밭에 뿌린 사람과 같기 때문입니다. 〈좋은씨앗〉은 이와 같은 소망과 기대를 품고 하나님께 출판 사역으로 쓰임 받기를 기도합니다.

■